# VOYAGES

# DU CAPITAINE COOK.

---

4e SÉRIE IN-12.

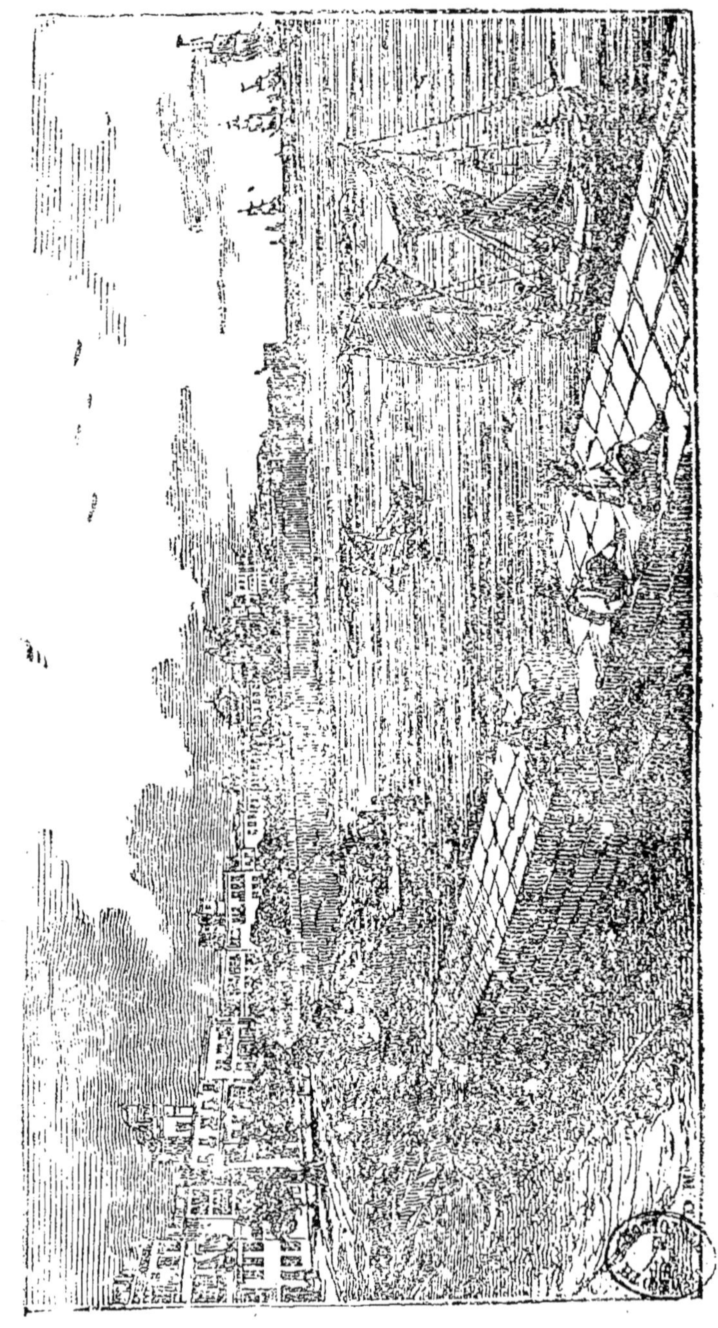

# VOYAGES

DU

# CAPITAINE COOK

PAR A. BARON.

LIMOGES

Eugène ARDANT et C. THIBAUT,

Imprimeurs-Libraires-Éditeurs.

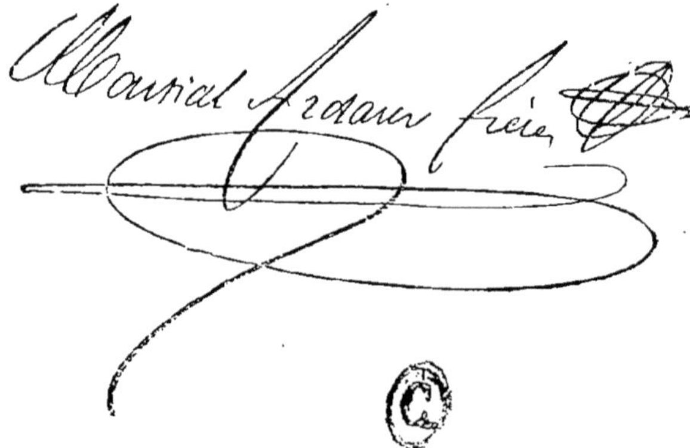

# VOYAGES

# AUTOUR DU MONDE

# DE COOK.

## 1768-1779.

Tous les savants de l'Europe, en 1768, se préoccupaient d'un phénomène astronomique du plus haut intérêt. Vénus, la brillante planète, devait passer sur le disque du soleil, et il était curieux d'étudier cette éclipse partielle du grand astre par le petit, afin d'obtenir la distance exacte de la terre au soleil, en calculant celle de Vénus à la terre, au moment du passage.

C'était en juin 1769 que le phénomène devait se produire.

Notre célèbre Lalande émit l'opinion, qui était vraie, que le point le plus convenable pour observer ce mouvement de Vénus, serait une des îles de l'Océan pacifique.

La Société royale de Londres décida qu'un astronome serait envoyé à Taïti. Son choix tomba sur Charles Green, savant attaché à l'Observatoire de Greenwich.

Mais il fallait un marin pour le conduire et un navire pour le porter.

L'amirauté britannique proposa un jeune officier de marine, James Cook, comme parfaitement capable de diriger l'entreprise.

Né à Morton, dans l'Yorkshire, en octobre 1728, Cook était fils d'un garçon de ferme, et sa mère, nommée Grâce, était servante. Mis en apprentissage chez un mercier, à Staith, la vue de la mer avait bientôt révélé à l'apprenti sa véritable vocation. Il fut d'abord matelot de quakers, propriétaires de navires commerçant sur le charbon; puis enlevé par la *presse* au profit de la marine royale, Cook, en 1759, devint promptement maître d'équipage de frégate, puis de vaisseau. Son adresse à sonder les rivières et à lever des plans pendant les guerres, en Amérique, de l'Angleterre avec la France, le fit bientôt nommer ingénieur de la marine. Après avoir épousé, en 1762, Elisabeth Buhs, femme aimable et digne, Cook jouissait de la réputation que son talent lui méritait, lorsque se produisit l'attente du phénomène en question, et que l'on songea à utiliser son mérite dans l'expédition préparée pour Taïti.

En conséquence, Cook fut élevé au grade de lieutenant de vaisseau.

Le navire *Endeavour*, bâtiment armé de dix canons et d'autant de pierriers, avec quatre-vingts hommes d'équipage, lui fut confié.

Joseph Banks, un naturaliste déjà fameux, maître d'une fortune énorme, se joignit à l'astronome Charles Green, et fit partie de l'expédition, à ses frais.

Un savant suédois, ami de Banks, le docteur Solander, se réunit à lui.

Deux peintres furent chargés de dessiner les vues et les objets d'histoire naturelle.

En un mot, jamais expédition ne fut préparée avec autant de soin, et ne fut accomplie par des hommes d'un aussi incontestable talent.

## PREMIER VOYAGE.

### 1768-1771.

Terre de Feu. — Taïti. — Nouvelle-Zélande. — Nouvelle-Hollande. — Mort et désastres. — Détroit de Cook. — Détroit de Torrès. — Batavia.

L'expédition anglaise, portée par l'*Endeavour*, mit à la voile de Plymouth, le 26 août 1768.

Elle relâcha bientôt à Madère, dans la baie de Funchal, d'où l'île et la ville présentent le plus bel aspect. Les flancs des collines s'y montrent entièrement couverts de vignes, jusqu'à la hauteur où le regard peut embrasser les objets. Elles y sont vertes, tandis que tous les autres végétaux paraissent absolument brûlés, sauf dans les endroits qu'ombragent les vignes ou qu'arrosent les courants de petits ruisseaux.

La ville de Funchal emprunte son nom au *funcho*, sorte de fenouil qui se montre en abondance dans le voisinage.

Le 21 septembre les navigateurs reconnaissaient les îles Salvages, au nord des Canaries. Le 23, ils découvraient le Pic de Ténériffe. Son aspect, au coucher du soleil, était des plus admirables. Lorsque l'astre du jour se plongea dans les vapeurs de l'horizon, et que le reste de l'île se teignit du noir le plus foncé, le Pic réfléchissait encore tous les feux du soleil, et semblait brûler d'une couleur de feu que la plume ne peut rendre. Le volcan du Pic ne produit pas de feux visibles, mais non loin du cratère, on trouve des crevasses d'où s'exhale une telle chaleur qu'on ne peut y tenir la main.

Après avoir touché au Brésil, où le vice-roi portugais défendit aux Anglais de descendre à terre et leur refusa de l'eau et des vivres, sous le prétexte que le passage de Vénus sur le soleil était une imagination de leur cerveau, et qu'ils ne venaient que pour faire de la contrebande. Le 14 janvier 1769, l'*Endeavour* entra dans le détroit de Le Maire, d'où la marée montante le chassa avec tant de force que le tangage faisait souvent tremper le beaupré dans les vagues. Néanmoins, le 16, Cook atterit non loin du cap Saint-Vincent. Alors, trente ou quarante naturels parurent sur la plage, se laissèrent approcher sans crainte apparente, et firent même de grossières démonstrations d'amitié. Ces sauvages étaient d'une couleur approchant de la rouille de fer mêlée avec de l'huile. Les hommes, gros et mal charpentés, mais hauts de cinq pieds huit à dix pouces, avaient de longs cheveux noirs. Les femmes étaient plus petites. Ils n'avaient tous pour toute parure que des peaux de guanacos, jetées sur leurs épaules dans l'état où elles avaient été arrachées à l'animal. Seulement les femmes le liaient autour d'elles avec une liane. Mais ce qui les distinguait le plus, c'étaient de longues lignes noires, tracées dans tous les sens sur le corps des hommes, ce qui produisait un effet bizarre. Quant aux femmes, elles s'étaient peint seulement le visage, les parties voisines des yeux en blanc, et le reste en lignes horizontales rouges et noires.

C'était la Terre de Feu que l'expédition foulait aux pieds, et dont elle avait les habitants sous les yeux.

MM. Banks, Solander, un chirurgien du nom de Monkhouse, l'astronome Green, le dessinateur Buchan, quelques matelots et des domestiques, firent une excursion dans cette Terre de Feu. Ils virent un village consistant en une douzaine de huttes de la structure la plus grossière, car elles se composent de pieux plantés en terre, inclinés les uns sur les autres par leurs sommets, et formant une sorte de cône semblable à nos ruches. Aucun meuble dans ces cabanes. Un peu d'herbes sèches jetées à terre sert à la fois de siéges et de lits. Un panier pour porter à la main, un sac à placer sur le dos, la vessie de quelque bête pour contenir l'eau, tels sont les uniques ustensiles de ces misérables indigènes.

Leurs armes consistent en un arc assez bien fait et des flèches, les plus jolies qu'aient jamais vues les marins. Elles sont de bois très bien poli, et la pointe de silex, barbelée, taillée et ajustée très adroitement.

La Terre de Feu offre çà et là des espaces couverts de neige; mais les pentes des collines et les côtes voisines de la mer montrent une agréable verdure. Les hauteurs sont assez élevées, mais ne peuvent être appelées des montagnes, quoique leurs sommets soient entièrement nus. Le sol des vallées est riche et d'une grande profondeur. Au pied de toutes les collines, on trouve de petits ruisseaux dont l'eau a une couleur rougeâtre. Les points les plus remarquables de la Terre de Feu sont : une montagne en forme de pain de sucre, à l'ouest, près de la mer, et trois hauteurs, les Trois Frères, à l'ouest également.

MM. Banks, Solander, Monkhouse, Green, Buchan et autres, qui parcoururent ces montagnes, faillirent y périr de froid. Ils virent, dans les bois, les traces d'un animal assez grand, sans pouvoir reconnaître à quelle espèce il appartenait.

Aucun des oiseaux, très abondants, n'est plus gros qu'un merle. On n'y trouve que très peu de poissons, et aucun de ceux que les matelots prirent à la ligne ne se trouva bon à manger.

L'aspect de la Terre des Etats, qui fait place à la Terre de Feu, sur l'autre côté du détroit de Le Maire, ne présente pas l'horreur et la physionomie sauvage que lui prêtent certains voyageurs. La côte du nord paraît avoir des baies et des hâvres, et elle ne semble pas privée de bois et de verdure. Elle n'est pas non plus couverte de neiges éternelles.

Le 26 janvier, Cook doubla le cap Horn. Alors l'*Endeavour* s'avança majestueusement au travers de l'immensité de l'Océan Pacifique.

Le 4 avril, Briscœ, valet de M. Banks, signala une terre à quatre lieues au sud. C'était une île avec un lagon au centre. La terre en était basse et fort étroite : vers le sud on ne voyait que des rochers. Les insulaires se montrèrent bientôt. Ils étaient de belle taille, et leur tête semblait énorme, sans doute parce qu'elle était enveloppée d'une certaine étoffe rude. Ils étaient de couleur de cuivre et brandissaient de longues piques. Leurs cases placées à l'ombre de frais cocotiers parurent délicieuses à des navigateurs qui sortaient des sinistres montagnes de la Terre de Feu. Cook appela cette terre Ile du Lagon. Ce sont tout simplement les îlots Tchain, de de l'archipel Pomotou, ou les Quatre Facardins de Bougainville.

Le lendemain, deux autres îles furent en vue, Dawa-Haï et Marakan, que rangea l'*Endeavour*, et où il mouilla près de Marakan. Les naturels arrivèrent dans leurs pirogues, mais n'osèrent s'approcher de trop près, malgré tous les signes possibles d'amitié. Ils étaient nus et noirs. Ils avaient leurs cheveux renfermés dans un réseau et formant bourse à l'arrière de la tête. Ils portaient de longues lances en bois, et des pagaies de cinq pieds de long. Leurs pirogues étaient petites, car les plus grandes ne pouvaient porter que six à sept hommes. Quelques-unes avaient une voile. Ces îles reçurent le nom de Iles des deux Groupes.

Enfin, le 11 avril au matin, verdoyait dans la brume d'or de l'horizon la magnifique Taïti, but principal de l'expédition de Cook.

Aussitôt grand nombre de pirogues, chargées de naturels portant des branches de bananiers en témoignage de paix, s'avancèrent vers le navire. Les rameaux verts furent attachés aux agrès, à la grande joie des insulaires, et en un clin d'œil leurs fruits furent échangés contre les bagatelles européennes.

L'*Endeavour* mouilla dans la baie de Matavaï, au milieu des pirogues des insulaires qui lui offraient poissons, cocos, provisions de toute espèce, mais particulièrement du fruit à pain.

Parmi les Indiens qui montèrent sur le vaisseau, se trouva un vieillard du nom de Owahw, qui avait connu Bougainville, qui avait vu Wallis, venu à Taïti avant Bougainville, et qui reconnut un officier anglais venu avec Wallis. Cet officier se nommait Gore, et bientôt les deux connaissances devinrent amis.

Dès que l'*Endeavour* fut assuré dans la baie, Cook descendit à terre avec MM. Banks, Solander, Gore et le Taïtien Owhaw, suivis d'un détachement de soldats sous les armes. La foule des insulaires reçut le bateau et entoura les navigateurs, en les saluant de leurs cris, de leurs attouchements et de leurs respects, car le premier qui s'approcha des Anglais se prosterna si bas, qu'il rampait pour ainsi dire sur ses mains et ses genoux. En remarquant que les naturels tenaient tous une branche de verdure à la main, symbole universel de paix dans toute l'Océanie, les navigateurs en prirent de même et les tinrent dans leurs mains de la même manière.

Alors, Anglais et Taïtiens s'acheminèrent vers le lieu où le *Dauphin*, de Wallis, avait ancré, et conduits par Owahw, ils s'y arrêtèrent, ainsi qu'à son aiguade, où ils déposèrent tous leurs tiges de bananiers, les Taïtiens les premiers, les Anglais ensuite.

Cette promenade fit disparaître la timidité des Indiens, que la vue des soldats avait d'abord effrayés. Ils devinrent familiers, et, comme chemin faisant, on leur distribuait des rassades et d'autres bagatelles qui les charmaient, ils s'empressaient autour des Anglais, en leur faisant mille caresses. On voyait partout les cases des naturels placées sous les arbres de la côte, et n'ayant pour la plupart qu'un toit, sans enceinte ni murailles.

Dès le matin du 13, avant que les Anglais fussent sortis du navire, quelques pirogues, dont la plupart venaient du côté de l'ouest, s'approchèrent de l'*Endeavour*. Deux de ces embarcations portaient des Indiens qu'à leur maintien et à leur habillement on reconnaissait pour des chefs. Deux d'entre eux vinrent à bord, et se choisirent un ami parmi les étrangers. L'un d'eux, Matahah, prit M. Banks pour le sien, et l'autre adopta Cook. Cette cérémonie consista à se dépouiller d'une grande partie de leurs habillements, et à en revêtir les Anglais. On leur offrit en échange une hache et des verroteries. Puis, en montrant le sud-ouest, ils firent signe d'aller avec eux dans les contrées qu'ils habitaient. Le commandant de l'expédition, désirant un hâvre plus commode que celui de Matavaï, et voulant connaître et juger le caractère de ce peuple, consentit à les suivre.

Il fit équiper deux bateaux et s'embarqua, toujours accompagné de MM. Banks et Solander, et ayant à ses côtés les deux chefs indiens et ses officiers. Après un trajet d'une lieue, les Taïtiens engagèrent par signes à descendre et firent comprendre que c'était là le lieu de leur résidence. Les Anglais débarquèrent aussitôt, au milieu d'une masse compacte de naturels, qui les menèrent dans une maison beaucoup plus grande que celles qu'ils avaient vues jusqu'alors.

En entrant dans l'une de ces longues cases, les Anglais se trouvèrent face à face avec un insulaire d'un âge, plus que moyen qui leur dit s'appeler Tootahah. A l'instant même on étendit des nattes sur le sol et on pria par signes Cook et ses compagnons de s'asseoir. Dès que les visiteurs furent assis, Tootahah fit apporter un coq et une poule qu'il offrit à M. Banks et à Cook. Ce présent fut suivi d'une pièce d'étoffe parfumée, et dont le Taïtien eut grand soin de faire remarquer l'agréable senteur. La pièce que reçut M. Banks avait onze verges de long et deux de large : aussi, en retour, ce dernier offrit une cravate de soie garnie de dentelles et un mouchoir de poche. Tootahah se revêtit sur-le-champ de cette nouvelle parure, avec un air de satisfaction et de complaisance qu'il n'est pas possible de décrire.

Il ne fut pas de politesses que les femmes ne fissent aux étrangers : mais il fallut enfin prendre congé des nouveaux amis, et l'on se dirigea vers le rivage.

Mais alors Cook et les siens rencontrèrent un autre chef, nommé Toubouraï-Tamaïdé, à la tête d'un grand nombre d'insulaires. On se donna les mêmes témoignages de paix, branches de bananier, après quoi l'on se mit la main sur la poitrine, en disant : Taïo ! ce qui signifie : *ami !* Toubouraï-Tamaïdé fit alors comprendre à ses amis que s'ils voulaient manger, il était tout prêt à leur donner des vivres. L'offre fut acceptée, et les deux troupes dînèrent de bon cœur avec du poisson, du fruit à pain, des cocos et des fruits du plane apprêtés à leur manière. Les naturels mangeaient du poisson ; puis, ils en présentaient à leurs convives : mais ce mets ne fut pas du goût des Anglais.

Pendant cette scène du repas, une femme de Toubouraï-Tamaïdé vint s'asseoir à côté de M. Banks, sur la même natte. Elle se nommait Tomio. Tomio n'était pas de la première jeunesse et elle ne semblait pas avoir jamais été belle. Aussi M. Banks ne lui fit pas un accueil bien flatteur. Mais Tomio essuya une autre mortification. Sans faire attention à la dignité de sa compagne, M. Banks, voyant parmi la foule une petite insulaire à la physionomie très douce, lui fit signe de venir à lui. La jeune Taïtienne se fit un peu presser, mais enfin elle prit place de l'autre côté de M. Banks. Celui-ci la chargea de petits présents et de toutes les brillantes bagatelles qui pouvaient lui faire plaisir. Quoique fort mortifiée de la préférence qu'on accordait à sa rivale, la femme de Toubouraï-Tamaïdé ne cessa pourtant pas ses attentions à l'égard de M. Banks, car elle lui donnait du lait de coco et toutes les friandises qui étaient à sa portée.

Cependant ce repas fut interrompu brusquement, car M. Solander et le chirurgien Monkhouse se trouvèrent volés, l'un de sa petite lunette, l'autre de sa tabatière. Aussi M. Banks se leva avec violence, et frappa la terre de la crosse de son fusil. Alors tous les assistants furent saisis de terreur et s'enfuirent, à l'exception du chef, de trois femmes et de quelques naturels d'une classe supérieure. La figure de Toubouraï-Tamaïdé exprimait la confusion et la douleur. Il prit M. Banks par la main et le conduisit devant une grande pile d'étoffes qu'il lui offrit pièce par pièce. Mais M. Banks rejeta cette offre, faisant comprendre qu'il ne voulait que ce qui lui avait été volé. Alors le chef sortit, et au bout d'une demi-heure, il revint joyeux et triomphant, avec la tabatière et la boîte de la lunette. Mais l'étui était vide. A cette vue, le visage du pauvre Toubouraï-Tamaïdé changea subitement. Il prit M. Banks par la main, une seconde fois, et le conduisit le long de la côte. MM. Solander et Monkhouse les suivirent. A environ un mille, une femme qu'ils rencontrèrent remit au chef une pièce d'étoffe. Ils arrivèrent alors à une maison, où ils furent reçus par une autre femme à qui le chef donna la pièce d'étoffe, en faisant signe aux Anglais d'y ajouter quelques verroteries. Quand les verroteries et l'étoffe eurent été déposées sur le sol, la femme sortit et revint une demi-heure après, avec la lunette.

Il était évident qu'il y avait des voleurs parmi les insulaires, qu'il fallait se tenir sur ses gardes.

Dans le petit voyage fait à l'ouest de l'île, Cook n'avait pas trouvé de hâvre plus convenable que celui de Matavaï. Il se décida donc à descendre à terre et à choisir un canton, commandé par l'artillerie du vaisseau, où il pût édifier un petit fort pour sa défense et se préparer aux observations astronomiques. Il fit entendre aux naturels, rassemblés en grand nombre, qu'il avait besoin d'une construction pour y dormir quelques nuits, et que, jusqu'à son départ, aucun habitant de l'île n'en devait franchir l'enceinte, à l'exception d'Owhaw et de Toubouraï-Tamaïdé. Puis, comme il n'avait vu que deux cochons et point de volaille dans la promenade qu'il avait faite, et que la persistance d'Owhaw à lui faire signe de ne pas aller dans les bois, lui donnait à penser que les Indiens y avaient caché ces animaux, il tenta de pénétrer dans leurs profondeurs. Mais il en fut bientôt rappelé par l'explosion d'un coup de fusil.

Une tente avait été élevée par les Anglais, à l'endroit que devait occuper le fort, et quatorze soldats de marine en avaient la garde. Ce fut là que revint Cook avec Owhaw, qui renvoya les naturels, d'un geste de la main. Alors Cook apprit qu'aussitôt après son départ, un Taïtien s'étant emparé du fusil de la sentinelle, l'officier du poste, aussi imprudent que cruel, avait fait tirer sur la foule. Heureusement il n'y avait eu que le voleur de tué. Owhaw rassembla les insulaires qui avaient pris la fuite, et leur fit entendre que l'officier avait été grièvement offensé, mais qu'on ne voulait pas leur faire de mal, s'ils se conduisaient honnêtement.

Ils se retirèrent tous. La tente fut démontée et reportée au vaisseau. Mais, le lendemain, aucun naturel ne se présenta. Owhaw lui-même ne parut pas.

Ce jour-là, mourut le dessinateur Buchan. Afin de ne pas blesser les idées des Taïtiens à l'endroit de leurs usages vis-à-vis des morts, on jeta le cadavre à la mer, avec les cérémonies ordinaires.

Ce même jour encore, on reçut la visite de Toubouraï-Tamaïdé et de Tootahah. Ils apportaient comme emblêmes de la paix, non pas des branches de bananiers, mais de jeunes planes. Ils ne voulurent pas se hasarder à monter sur l'*Endeavour* avant que les Anglais ne les eussent acceptés. Chacun d'eux apportait en outre, comme dons propitiatoires, des fruits à pain et un cochon tout apprêté. Ce dernier présent fut d'autant plus agréable aux navigateurs, qu'ils ne pouvaient s'en procurer facilement. On leur donna en retour à chacun une hache et un clou.

« Le 18, à la pointe du jour, dit la relation de Cook, j'allai à terre avec tous les gens de l'équipage. Nous commençâmes alors à construire notre fort. Pendant que les uns étaient occupés à creuser les retranchements, d'autres coupaient les piquets et les fascines. Les naturels, loin d'empêcher nos travaux, nous aidèrent au contraire très volontairement. »

M. Banks coucha sous une tente au milieu des travaux. A son lever, il vit arriver Toubouraï-Tamaïdé, sa femme et sa famille. Il rapportait avec lui le toit d'une case et les matériaux pour le dresser, avec des ustensiles et des meubles de toute sorte. On crut qu'il voulait fixer sa demeure auprès des Anglais, et cette marque de confiance leur fit grand plaisir. Depuis ce moment, une sorte de marché, auquel présidait M. Banks, se tint auprès du camp, et les gens de l'expédition furent abondamment pourvus des productions de l'île. Toubouraï-Tamaïdé mangeait souvent avec ses amis les Anglais, dont il s'efforçait d'imiter la manière de manger avec le couteau et la fourchette.

A quelques jours de là, on vit arriver au navire le pauvre Toubouraï-Tamaïdé dans un état d'extrême surexcitation. Il prit le bras de M. Banks et le conduisit de force et en toute hâte vers un point du voisinage où se trouvait le boucher de l'*Endeavour*, armé d'une faucille. Le digne chef, alors, accuse le boucher de vouloir blesser sa femme avec sa faucille, parce qu'elle ne voulait pas échanger une hache en pierre contre un clou. Le boucher, n'ayant su que répondre, fut ramené au vaisseau, où le commandant le fit punir du fouet, en présence du chef et d'un grand nombre de naturels. Au premier coup, ces braves gens s'approchèrent pour demander la grâce du patient. Mais le capitaine voulut que son arrêt fût suivi d'une complète exécution, ce qui fit répandre aux indigènes de très abondantes larmes.

Le 28, les tentes du fort étaient remplies de Taïtiens venant de toutes les parties de l'île, lorsque le maître d'équipage, appelé Molineux, qui déjà avait visité Taïti, quand le *Dolphin* y avait amené Wallis, reconnut parmi les femmes celle qui était reine de Taïti, quinze ans auparavant.

Elle se nommait Oberea. Elle avait quarante ans, et ses traits conservaient peu de traces de son ancienne beauté. Ses yeux étaient pleins d'intelligence et de sensibilité; sa peau presque blanche avait encore une certaine fraîcheur, et elle ne manquait pas d'une certaine dignité dans la démarche. Elle fut invitée à venir dans le fort, et on l'y reçut avec distinction. Ensuite on lui fit les honneurs du vaisseau, et, entre autres choses, on lui donna une poupée très bien habillée, dont l'auguste Taïtienne parut surtout très satisfaite. A peine l'eut-on déposée à terre qu'elle offrit à Cook un cochon et plusieurs fagots de plane, qu'elle fit porter au fort par une sorte de procession de ses serviteurs, dont elle-même formait l'arrière-garde.

Mais voyez où va se nicher la jalousie! Le vieux Tootahah vit de loin les honneurs rendus à Oberea, et de près sa jolie poupée, et il parut fort mécontent. On lui offrit de choisir ce qu'il voudrait, afin de calmer sa mauvaise passion. Alors il préféra une poupée à une hache, à toute autre chose de plus précieux encore, et il voulut que sa poupée fût de tout point semblable à celle de l'ex-reine.

Sur ces entrefaites, une des femmes de Toubouraï-Tamaïdé vint au camp, criant que le chef se mourait, pour avoir mangé un poison que lui avaient donné des matelots. M. Banks courut bien vite près du malade, qu'il trouva la tête appuyée contre une muraille dans l'attitude d'un homme qui..... souffre. Le poison n'était autre que du tabac... à chiquer. Le chef l'avait mis dans sa bouche, et bientôt les hauts-le-cœur l'avaient pris. M. Banks lui fit boire du lait de coco, et en peu d'instants le malade, qui faisait signe qu'il allait expirer, recouvra la santé et sa belle humeur.

Cependant le capitaine Cook fut volé à son tour. On lui prit son quart de cercle, sans lequel M. Green ne pouvait exécuter les observations qui faisaient le principal but de son voyage. MM. Green et Banks visitèrent l'île sans retard, et, aidés de Toubouraï-Tamaïdé, ils furent assez heureux pour recouvrer les diverses pièces du précieux instrument.

Mais quel ne fut pas le chagrin de M. Banks, à son retour, quand il vit le vieux Tootahah retenu prisonnier par les soldats ! A cette vue, Toubouraï-Tamaïdé fendit la foule des naturels qui versaient tous des larmes, et il courut à Tootahah qu'il serra dans ses bras. Ces deux chefs, eux aussi, se prirent alors à pleurer...

Quelle était la cause de cette humiliation du vieux chef, roi de Taïti? Un malentendu du lieutenant des soldats de marine.

Cook, prévenu par Banks, vint en toute hâte rendre la liberté au vénérable Tootahah et le rendit à son peuple qui, le croyant destiné à mourir, le reçut avec de touchantes acclamations de joie.

Mais ce traitement injuste fait à leur chef, indisposa vivement les Taïtiens. Plusieurs jours durant, ils ne parurent plus près du fort, et les Anglais ne virent plus arriver de provisions. Il ne fallut pas moins qu'une visite de Cook lui-même pour apaiser le chef irrité.

Il alla donc trouver Tootahah. Banks et

quelques officiers l'accompagnaient. Pendant le trajet, un insulaire de belle taille et de bonne mine leur faisait faire à coups de bâton un passage à travers la foule, accourue de toutes parts. En même temps, le Taïtien criait :

— *Taïo Tootahah!* Ce sont les amis de Tootahah!...

L'ambassade trouva Tootahah assis sous un arbre et entouré de vénérables vieillards. Elle lui fit présent d'une hache, d'un habit de drap taillé à la façon des Taïtiens, et d'une chemise. Enchanté, le vieux chef endossa l'habit sans retard, s'arma de la hache et la donna au naturel qui avait amené les Anglais.

Alors on offrit une fête aux visiteurs; ce fut une lutte entre les naturels.

Tootahah présidait à la scène, assis sur un gradin élevé, ayant près de lui les membres de l'expédition et les personnes de sa suite, rangés en demi-cercle. Aussitôt, dix ou douze combattants parurent dans une vaste enceinte formée par toute une multitude d'insulaires, et après s'être choisi chacun un antagoniste, les champions se saisirent à qui mieux mieux par les cuisses, aux cheveux, aux bras les uns des autres, et s'efforcèrent de se renverser mutuellement, sans aucune espèce de grâce et d'adresse. Lorsque le combat avait duré une minute, les lutteurs se séparaient d'un commun accord, si l'un des deux n'avait pas touché la terre. Le combat dura deux heures, et s'il n'offrit pas un grand attrait, au moins la bienveillance et la bonne humeur ne cessèrent de se montrer parmi les spectateurs et les adversaires, vainqueurs ou vaincus. Le terrible Taïtien que nous connaissons déjà maintenait les spectateurs trop curieux à la distance voulue, à l'aide de son formidable bâton de bois blanc.

Le 14 mai, qui était un dimanche, on célébra le service divin chez les Anglais, qui y invitèrent Toubouraï-Tamaïdé et sa fière Tomio, persuadés que la vue des cérémonies religieuses les pousserait à des questions, et qu'alors ils pourraient être initiés au christianisme. Mais les naturels et leurs chefs furent respectueux, imitèrent scrupuleusement les gestes et les postures de M. Banks, s'inclinèrent très profondément comme lui, mais ne firent aucune question et ne voulurent même pas écouter les explications qu'on essaya de leur donner.

Vint le tour de Toubouraï-Tamaïdé de voler les Anglais. Il prit furtivement sept clous, et lorsqu'on s'en aperçut, il avoua sa faute avec une contrition qui semblait des plus sincères. Ces clous avaient été portés dans le canton de Pari, disait-il, et il ne pouvait les rendre à l'instant même. Ni à cet instant, ni plus tard, Toubouraï-Tamaïdé ne rendit les clous, à l'exception d'un seul, et malgré la froideur qu'on lui témoigna.

Le 27, le capitaine Cook, MM. Banks et Solander, avec trois autres officiers de l'expédition, se rendirent en pirogues auprès de Tootahah, qui était alors à Atahourou, à six milles du camp. Surpris par l'heure avancée du soir, ils durent aviser où ils passeraient la nuit. M. Banks fut accueilli dans la pirogue d'Oberea, qui, précisément, était venue visiter le vieux chef. La chaleur ne lui ayant pas permis de garder ses habits, il les confia à Oberea. Mais alors, la fantaisie de se promener à terre lui étant venue pendant la nuit, il ne trouva plus ses vêtements, ni près d'Oberea ni près de Tootahah. Ceux-ci, réveillés, coururent après le voleur, et il est inutile de dire qu'il fut introuvable.

Cependant, M. Banks, qui entendit faire de la musique à quelque distance, se dirigea de ce côté, guidé par les sons et la lumière. Ce fut Cook, Solander et un autre Anglais qu'il trouva dans la case d'un naturel, où ils avaient couché. Quand ils virent M. Banks et qu'ils connurent sa mésaventure, ils se prirent à rire du meilleur cœur. et d'autant mieux qu'ils n'avaient pas été épargnés non plus. Cook avait les jambes nues, et ses bas lui avaient été pris sous sa tête : ses compagnons étaient en quête de leurs justaucorps.

Malgré leur accoutrement, ils demeurèrent dans cette case, écoutant le concert qu'on donnait à Cook, et qui était composé de trois flûtes, de quatre tambours et de plusieurs voix. Les naturels appellent *heiwa* cette sorte de symphonie. Disons de suite qu'après le concert, comme avant, les vêtements des Anglais ne se retrouvèrent pas, et ceux-ci restèrent convaincus qu'Oberea et Tootahah étaient complices de ce vol.

En retournant le long de la côte, les Anglais admirèrent l'adresse des Taïtiens à nager et à faire mille exercices dans l'eau. Une houle s'élevait, déferlait avec violence sur le rivage. Les lames étaient si effrayantes qu'un bateau n'aurait pas manqué d'être écharpé par leur fureur, et qu'un nageur européen eût été mille fois brisé ou englouti. Or, nos Taïtiens, une douzaine peut-être, se baignaient pour leur plaisir et ils semblaient s'amuser au possible. Lorsque les flots brisaient près d'eux, ils plongeaient par-dessous et reparaissaient de l'autre côté avec une inconcevable facilité. Quelques-uns se divertissaient fort à monter sur l'arrière d'une vieille pirogue, et à se faire jeter sur la côte avec la rapidité d'une flèche.

Arriva enfin le 3 juin, et l'observation astronomique fut faite avec un égal succès sur plusieurs points de l'île. Ainsi le principal objet de l'expédition était rempli.

Pendant que les Anglais étaient livrés à cette sérieuse occupation, M. Banks, venu à terre pour observer les naturels, fit avec eux des échanges. Ce fut alors qu'il eut la visite du roi Terao et de sa sœur Nouna, qui lui offrirent des cochons et des fruits. Ils reçurent en échange une hache, une chemise et des verroteries.

Un matin, les Anglais apprirent qu'une vieille Indienne de l'île était morte. Ce fut l'occasion pour le curieux M. Banks de connaître les cérémonies mortuaires des Taïtiens Voici comment ils procédèrent. Au milieu d'une petite place carrée, palissadée de bambous, ils dressèrent sur deux poteaux le pavillon d'une pirogue, et ils placèrent le corps en-dessous, sur un châssis. Le corps était couvert d'une belle étoffe, et l'on plaça près de lui du fruit à pain, du poisson et d'autres provisions, offrandes faites à leurs dieux pour les rendre propices. Vis-à-vis du carré, il y avait un endroit où les parents de la défunte allaient payer le tribut de leur douleur. De là, ils envoyèrent jeter sous le pavillon qui couvrait le cadavre une quantité innombrable de petites pièces d'étoffes, sur lesquels ils avaient versé leur sang et leurs pleurs ; car dans les transports de leur chagrin, c'est un usage parmi eux de se faire des blessures avec la dent d'un goulu de mer. A quelques pas de là, on avait dressé deux petites huttes. Quelques parents de la défunte demeuraient habituellement dans l'une, et l'autre servait d'habitation au principal personnage du deuil, qui est toujours un naturel revêtu d'un habillement singulier. Or, le 10, ce principal personnage du deuil devait faire la cérémonie en l'honneur de la vieille femme qui pourrissait sous la voile de la pirogue, et dont les chairs devaient bientôt tomber. M. Banks était si envieux de voir tous les mystères de la solennité, qu'il se chargea d'un rôle quand on lui dit qu'il ne pourrait rien voir qu'à cette condition. Il se rendit donc, le soir, dans l'endroit où était déposé le corps, et il fut reçu par la fille de la défunte, quelques autres personnes et un jeune homme d'environ quatorze ans, qui se préparaient à la cérémonie. Toubouraï-Tamaïdé en était le chef. La forme de son habillement était extrêmement bizarre, et pourtant lui seyait assez bien. On dépouilla M. Banks de ses vêtements à l'européenne.

Alors les Indiens nouèrent autour de ses reins une pièce d'étoffe, et lui barbouillèrent tout le corps jusqu'aux épaules, avec du charbon et de l'eau, de manière qu'il était aussi noir qu'un nègre. Ils firent la même opération à plusieurs personnes. Le jeune homme fut noir partout, et enfin le convoi se mit en marche.

Toubouraï-Tamaïdé récitait près du corps des paroles qui étaient sans doute une prière. Il redit les mêmes paroles quand on fut arrivé à la maison. Ensuite le convoi s'achemina vers le fort des Anglais, dont on leur avait permis d'approcher ce jour-là. A l'arrivée du convoi, Taïtiens ou Taïtiennes s'enfuyaient avec une excessive frayeur. Dès qu'il fut aperçu de loin par ceux qui étaient aux environs du fort, ils allèrent se cacher dans les bois. Du fort, le convoi s'achemina le long de la côte, et mit en fuite d'autres bandes d'Indiens, au nombre de plus de cent. Il traversa ensuite la rivière et entra dans les bois, passant devant des cases qui étaient toutes désertes. La funèbre cérémonie s'acheva en déposant le squelette dans la terre, après quoi tout le monde alla se laver et s'habiller.

La fonction que remplissait M. Banks se nomme *nineveh*, et il y avait avec lui deux naturels du même emploi. Quant à la charge du principal personnage du deuil, elle a nom *imatata*, c'est-à-dire *Il n'y a plus personne!*

Quelques jours après, les Anglais entendirent un concert de deux flûtes et de deux tambours. C'étaient des musiciens ambulants qui chantaient en s'accompagnant; et quelle ne fut pas la surprise de nos Européens, de reconnaître que leurs propres personnes servaient de héros à ces bardes d'un nouveau genre. Chaque maître de maison leur faisait un présent quelconque.

D'autres vols eurent encore lieu, et, irrité cette fois, Cook saisit une vingtaine de pirogues chargées de poisson. Néanmoins, les Taïtiens ne restituèrent pas les objets volés. Alors, comme le poisson allait se gâter, le chef de l'expédition dut le leur donner, en gardant les pirogues, comme garantie.

Le 26 juin, Cook, qui était fixé à la partie occidentale de Taïti, alla visiter la partie orientale, appelée par les naturels *Taïarabou.*

Il vint ancrer sa pinasse dans le hâvre *Hidia*, où, l'année précédente, Bougainville s'était arrêté.

Cook se rencontra avec Ereti, qui avait confié le jeune insulaire taïtien Aotourou au capitaine Français.

Plusieurs des naturels avaient apporté aux Anglais, pour les aiguiser et les raccommoder, des haches qu'ils avaient reçues de Wallis, venu à Taïti le premier sur le *Dolphin*. Mais parmi ces haches, il s'en trouvait une de fabrique française, qui avait donné lieu à beaucoup de conjectures de la part des Anglais. Ereti expliqua donc aux Anglais qu'après Wallis il était venu de la France un autre grand navigateur, Bougainville, que les Taïtiens aimaient beaucoup.

A l'extrémité sud-est de l'île, en continuant leur voyage de circumnavigation, Cook et Banks trouvèrent chez le chef de ce district une oie et une dinde que Wallis avait données à Oberea. Dinde et oie, devenues très grasses, étaient si bien apprivoisées, qu'elles suivaient partout les insulaires, qui les affectionnaient tendrement.

Mais voici que dans une des cases du voisinage, ils avisèrent quinze mâchoires humaines, encore fraîches et munies de toutes leurs dents. Elles étaient suspendues autour de la case. Ce spectacle les glaça de terreur.

Après avoir fait le tour de cette partie orientale de l'île, Cook et Banks vinrent mouiller sur la côte méridionale de Taïti, près du district de Tapaca, qui appartenait à Oberea. Ils y furent reçus par le père de cette Taïtienne.

En faisant une excursion dans ce canton, les Anglais remarquèrent un monument, gigantesque si on le compare aux faibles moyens de construction des insulaires. Il était construit en forme de pyramide, et du corail composait des assises qui décroissaient graduellement, de sorte que la dernière n'avait que quelques pieds d'épaisseur. Ce corail, d'une blancheur magnifique et formant des blocs énormes polis avec le plus grand soin, donnait à ce monument une valeur considérable. C'était le *moraï* ou tombeau de la famille d'Oberea. Il attestait la puissance et le rang de cette Taïtienne.

Mais ce pouvoir d'Oberea était éteint depuis que Oammo, son mari, et elle, s'étaient enfuis et cachés dans les montagnes de l'île, lors d'une descente sur ce point de l'île des habitants de Taïarabou, la partie orientale de Taïti. Une bataille avait été livrée près de ce moraï, quatre mois avant l'arrivée de l'*Endeavour*, et en effet, les environs du moraï étaient jonchés d'ossements humains.

C'étaient des reliques de cette bataille sanglante, que Cook et Banks avaient vues dans la case que décorait le trophée de quinze mâchoires humaines; et c'était alors aussi que le dindon et l'oie du *Dolphin*, donnés sur une autre partie de la côte, avaient été transférés ailleurs, parce qu'ils avaient servi de dépouilles opimes aux vainqueurs.

Oammo était mort après cette défaite; Oberea, déconsidérée, avait perdu le souverain pouvoir, et Tootahah était devenu le chef des chefs.

Les deux explorateurs saluèrent Tootahah à leur passage à Atahourou, qui se trouvait sur leur chemin, et, le 1er juillet, ils atteignirent leur point de départ Matavaï, où était ancré l'*Endeavour*, après avoir fait en entier le tour de Taïti, dont le plan fut alors dressé. La circonférence de l'île approchait de trente lieues.

Les Indiens, au retour de Cook et de Banks, les entourèrent en si grand nombre et leur offrirent tant de sincères témoignages de bonne amitié, que le ressentiment du capitaine ne put tenir. Il rendit leurs pirogues aux Taïtiens.

Le moment du départ de l'expédition approchait, et les Anglais se disposaient à quitter ces parages, lorsque Cook apprit que deux soldats de marine avaient déserté et se tenaient cachés dans l'intérieur de l'île. N'écoutant que sa colère, Cook s'empara de Tootahah, de Toubouraï Tamaïdé, d'Oberea, et d'autres chefs encore, jurant bien qu'il ne les élargirait qu'autant qu'on lui rendrait ses fugitifs.

On les lui rendit en effet, et la réconciliation suivit de près.

Sur ces entrefaites, se présenta aux Anglais un insulaire du nom de Toupaïa. Toupaïa avait été l'ami et le conseiller d'Oberea, aux jours du pouvoir de la belle Taïtienne ; à cette heure il était prêtre suprême, grand-prêtre de l'île. Il sollicita de Cook de quitter sa patrie et de partir avec l'*Endeavour*, comme jadis avait fait Aotourou, sur la *Boudeuse*, avec Bougainville. Cook consentit à prendre à bord Toupaïa, qui dès-lors prit gîte avec les Anglais.

Dès le point du jour, le 13 juillet, jour fixé pour le départ, les chefs de l'île affluaient sur le pont de l'*Endeavour*, environné d'autre part d'une innombrable quantité de pirogues chargées d'insulaires et de leurs femmes, tous en pleurs. Lorsqu'on fut sur le point de lever l'ancre, entre onze heures et midi, les naturels prirent enfin congé de leurs amis, non sans efforts, car ils pleuraient et semblaient tous pénétrés d'une tristesse modeste et silencieuse. Les Indiens des pirogues, au contraire, paraissaient lutter à qui pousserait de plus grands cris ; mais il y entrait plus d'affectation que de véritable douleur.

Toupaïa soutint cette scène avec une fermeté et une tranquillité véritablement admirables. Il est vrai qu'il pleura en quittant sa patrie ; mais les efforts qu'il fit pour cacher ses larmes faisaient encore plus d'honneur à son caractère. Il envoya pour dernier présent à Potomaï, femme de Tootahah, une belle chemise; puis il monta sur la grande hune avec M. Banks et fit des signaux dans la direction des pirogues, tant qu'il put les apercevoir.

Toupaïa n'était pas le seul Taïtien qu'emmenait l'*Endeavour* : il portait aussi Taïeto, un tout jeune insulaire dont Toupaïa se fit suivre, parce qu'il avait pour lui l'affection d'un père.

Le 6 octobre de la même année, un mousse de l'équipage de l'*Endeavour* apercevait les côtes de la Nouvelle-Zélande, qui n'avaient pas été revues depuis Abel Tasman, cent vingt ans auparavant.

Cook y attérit dans la partie orientale de la grande île Ikanamawi.

Le capitaine et les deux naturalistes, ayant débarqué sur la plage, s'acheminaient vers des cabanes qu'ils avaient entrevues du navire, lorsque quatre sauvages, armés de longues lances, s'élancèrent sur le petit canot. Ils s'en seraient emparés en effet, si le patron de la chaloupe n'eût tiré par-dessus leur tête un coup de fusil, qui les arrêta un instant. Puis ils recommencèrent leur attaque, qu'un second coup tiré en l'air ne contint pas davantage. Il fallut en finir en tirant à balle, et étendre un des Zélandais raide mort pour intimider les trois autres. A l'aspect de ce cadavre, ils demeurèrent comme pétrifiés, essayèrent d'emporter le corps de leur compagnon, et en définitive l'abandonnèrent. Comme il était tard, les Anglais retournèrent à leur navire, et toute la nuit on put entendre les naturels se livrant sur le rivage à de bruyantes conversations.

Nous ne chercherons pas à peindre la Nouvelle-Zélande et le caractère de ses habitants, d'après ce qu'en dit le capitaine Cook. Nous aurons d'autres occasions de mettre sous les yeux du lecteur tout ce qui touche à cette contrée, lorsque nous parlerons de Surville, de Marion, de Dumont-d'Urville et d'autres navigateurs.

Le peu d'étendue de cet ouvrage proscrit un double emploi.

Nous dirons seulement, pour clore ce premier voyage du célèbre marin, que le 9 octobre 1770, l'*Endeavour* mouillait dans la rade de Batavia.

Il fallut descendre à terre, en toute hâte, l'infortuné Toupaïa, tombé malade, son suivant Taïeto, tout aussi indisposé, et d'autres membres de l'expédition, que le climat nouveau des îles de la Sonde torturait avec violence.

En effet, le chirurgien Monkouse mourut le premier. Taïeto, attaqué d'une inflammation de poitrine, périt à son tour. Puis, Toupaïa, profondément affecté de cette perte, succomba ensuite, après s'être écrié bien des fois :

— *Taïo, mate!* Amis, je meurs !

Puis moururent encore trois matelots et le domestique de M. Green.

MM. Banks et Solander furent très malades; mais enfin ils se rétablirent assez pour que, le 26 octobre, Cook se hâtât de s'éloigner de cette ville au climat dévorant. Néanmoins la fièvre de Batavia suivit l'*Endeavour*, elle enleva, chemin faisant, l'astronome Green, le dessinateur Parknison, le contre-maître, le charpentier, le cuisinier, nombre de matelots, en tout vingt-trois hommes, sans compter les sept victimes laissées à Batavia.

Le 12 mai 1771, l'*Endeavour* mouillait, sans autre accident, aux Dunes, sur les côtes de l'Angleterre, et l'expédition, cruellement décimée, se rendait ensuite à Londres.

## DEUXIÈME VOYAGE.

### 1772-1775.

Navigation vers le pôle austral.

Les rois et les savants du monde désiraient bien savoir depuis longtemps si la portion extrême de l'hémisphère austral qui se rapproche du pôle n'était qu'une vaste surface d'eau, ou si elle renfermait un autre continent.

Le seul moyen de s'instruire sur ce point était d'y envoyer une expédition.

L'Angleterre en fit les frais et choisit deux navires tout-à-fait aptes à remplir une navigation périlleuse :

La *Résolution*, de quatre cents tonneaux et de cent douze hommes d'équipage ;

Et l'*Adventure*, de quatre-vingts, sous les ordres du lieutenant Furneaux.

James Cook fut encore choisi pour diriger cette exploration, et il prit le commandement de la *Résolution*.

Quant à Furneaux, ce marin avait déjà fait ses preuves en accompagnant Wallis, en qualité de lieutenant, dans son voyage en Océanie, sur le *Dolphin*.

John Reinold Forster et Georges Forster, son fils, naturalistes de premier ordre, un peintre renommé du nom de William Hodges, et deux astronomes, composaient le personnel de l'expédition, qui fit voile de Plymouth, le 25 juin 1772.

Nouvelle-Zélande. — Iles de Pâques. — Nouka-Hiva. — Nouvelles-Hèbrides. — Nouvelle-Calédonie. — Nouvelle-Zélande.

Cook, après avoir franchi l'océan Atlantique du nord au sud, relâcha au cap de Bonne-Espérance, puis s'enfonça dans les profondeurs de l'horizon austral.

« Comme nous entrions, dit-il, dans une mer qu'aucun navigateur n'avait encore parcourue, et qu'on ignorait où nous pourrions nous ravitailler, je donnai les ordres les plus positifs de ne pas perdre mal à propos l'eau douce. On plaça une sentinelle à côté de la futaille du gaillard d'arrière, et on ne lava plus qu'avec de l'eau salée.

» Le matin du 10 décembre, nous découvrîmes une île de glace à notre ouest, et à environ deux lieues au-dessus du vent, une autre masse qui ressemblait à une pointe de terre blanche. L'après-midi nous passâmes près d'une troisième qui avait deux mille pieds de long, quatre cents de large et au moins deux cents d'élévation. Quand nous rencontrâmes cette première glace, nous ne pouvions faire que des conjectures sur sa formation; mais depuis que nous avons fait le tour du globe sans trouver le continent austral, il nous paraît très vraisemblable que cette glace a été formée dans la mer, puisque nombre d'expériences prouvent que l'eau salée peut se geler.

» Bientôt nous n'avançâmes plus qu'à travers les glaces brisées, tantôt dans une fausse baie, d'où il fallait rétrograder, tantôt devant une plaine immense de glace fixe. Nous apercevions des baleines, des veaux marins, des pingouins et des oiseaux blancs. On voyait de toutes parts une quantité innombrable de hautes îles de glace. Une ligne de deux cent cinquante brasses ne donnait pas de fond.

» C'est une opinion commune que la glace dont j'ai parlé se forme dans les baies et dans des rivières. D'après cette supposition, nous pouvions penser que la terre n'était pas éloignée, et que même elle gisait au sud, derrière la glace, qui, seule, nous empêchait d'en approcher. Comme nous en avions côtoyé les bords l'espace de plus de trente lieues, sans trouver de passage au sud, je résolus de faire trente ou quarante lieues à l'est, de tâcher ensuite de marcher au sud, et, si je ne rencontrais ni terre ni autre obstacle, de gagner le derrière de cette plaine de glace, et de terminer ainsi l'incertitude des physiciens. Dans cette vue, je portai au nord-ouest.

» Le spectacle de ces îles, qui entouraient de tous côtés le bâtiment, nous était devenu aussi familier que celui des brouillards et de la mer. Leur multitude cependant nous conduisit à de nouvelles observations. Nous étions sûrs de rencontrer de la glace partout où nous apercevions une forte réflexion de blanc sur les bords du firmament, près de l'horizon. La glace n'est pas entièrement blanche, elle est souvent teinte, surtout près de la mer, d'un beau bleu de saphir. Cette couleur bleue paraissait quelquefois vingt ou trente pieds au-dessus de la surface. Nous apercevions aussi sur les grandes îles de glace différents traits ou couches de blanc de six pouces ou un pied de haut, posés les uns par-dessus les autres.

» Le 25, il gelait fortement, et quoique ce fût, pour nous, le milieu de l'été, je ne crois pas que, dans aucune partie de l'Angleterre, il y ait eu jamais, en décembre, des jours aussi rigoureux. Nous passâmes à travers plusieurs bancs de glaces brisées et flottantes. Ils étaient en géneral étroits, mais d'une longueur considérable, et les glaces tellement jointes que le vaisseau avait de la peine à les rompre. Nous vîmes quelques pingouins. La chasse que nous leur fîmes était rarement heureuse. Ces oiseaux plongent et restent longtemps sous l'eau, et, quand ils en sortent, ils parcourent une ligne droite avec une vitesse si prodigieuse qu'il est difficile de les atteindre.

» Le matin du 27, nous rencontrâmes des glaces flottantes en plus grande quantité, mais moins d'îles, et celles que nous vîmes étaient petites. Le jour étant beau, et la mer tranquille, nous mîmes un bateau en mer. M. Forster, qui le monta, tua un pingouin et quelques pétrels.

» Le 31 décembre, nous rencontrâmes des glaces flottantes, qui, aussitôt après, nous contraignirent de revirer et de faire force de voiles au sud. La mer devint si grosse, qu'il était dangereux pour les vaisseaux de rester au milieu de ces glaces. Le péril s'accrut encore pour nous, quand nous découvrîmes une immense plaine au nord. Comme nous n'en étions pas à plus de deux ou trois milles, et que des glaces flottantes nous environnaient de tous côtés, il n'y avait pas de temps à délibérer. Je revirai sur-le-champ, et je portai au sud. Nous fûmes bientôt dehors, mais non sans recevoir plusieurs coups violents des glaces flottantes, qui étaient de la plus grande étendue, et parmi lesquelles nous vîmes un veau marin.

» Les îles de glace augmentèrent tellement à mesure que nous avancions vers le sud, que nous en comptâmes trente-huit à la fois, grandes et petites, outre des glaces flottantes en abondance. Bientôt nous ne pûmes avancer davantage vers le sud, tant la glace était serrée et fermée de ce côté. C'était une immense plaine composée de différentes glaces, telles que des collines élevées, des morceaux flottants et brisés ; les uns affectaient la forme de môles, de tours, de clochers, de façades de cathédrales, de clochetons à dentelles et à galeries aériennes. Il y avait, en outre, ce qu'on appelle sur les vaisseaux du Groënland des *champs de glace*. Un radeau de cette dernière espèce était si étendu que, du haut du mât, je ne pouvais pas en voir l'extrémité. Nous vîmes plusieurs baleines jouant au milieu de ces formidables monuments...

» La rencontre de ce banc me fit penser qu'il serait imprudent de marcher plus loin au sud, d'autant mieux que l'été était déjà passé à moitié, et qu'il aurait fallu quelque temps pour faire le tour de la glace, en supposant que ce projet fût plus praticable, ce qui était douteux. Je résolus donc de chercher directement la terre qui avait été découverte récemment par les Français.

» Le temps sombre et brumeux continuait, et le vent était invariablement fixé au nord-ouest, de sorte que notre route ne put être que nord-est, et nous marchâmes dans cette direction jusqu'à quatre heures de l'après-midi du 1er février. Ne trouvant pas la terre découverte par les Français, je cinglai à l'est.

» Le 17 février 1773, par un temps assez bon, un ciel clair et serein, et entre minuit et trois heures du matin, nous aperçûmes dans les cieux des clartés semblables à celles qu'on voit dans l'hémisphère septentrional et qu'on appelle *aurores boréales*. Je n'avais pas encore ouï parler de l'aurore australe. L'officier de quart observa qu'elle se brisait quelquefois en rayons de forme spirale et en forme circulaire, et qu'ensuite la lueur était très forte et le spectacle très beau. Il ne put pas y remarquer une direction particulière.

» Dans la nuit du 20, l'aurore australe

parut très brillante et très lumineuse. On la vit d'abord à l'est, un peu au-dessus de l'horizon, et bientôt après elle se répandit sur tout le firmament. Cette aurore australe différait des aurores boréales en ce qu'elle était toujours d'une couleur bleuâtre, au lieu que, dans le nord, elles prennent différentes teintes et surtout la couleur de feu et de pourpre. Quelquefois elle cachait les étoiles, d'autres fois on les voyait à travers sa substance nébuleuse.

» Le 23, je revirai et fis de petites bordées pendant la nuit, qui était fort orageuse, épaisse et brumeuse, avec de la pluie neigeuse et de la neige. Environnés de périls de toutes parts, nous devions soupirer après la pointe du jour. Enfin l'aurore parut, mais pour augmenter nos alarmes, car elle offrit à notre vue des montagnes escarpées de glace, au milieu desquelles nous étions passés pendant la nuit, sans les apercevoir.

» Tant de circonstances défavorables jointes aux nuits sombres de cette saison avancée, m'empêchèrent d'exécuter la résolution que j'avais prise de passer encore une fois le cercle antarctique. En conséquence, le 24 février, à quatre heures du matin, je portai au nord avec un vent très fort, accompagné de neige et de pluie neigeuse. et une mer grosse, qui mit en pièces beaucoup d'îles de glace. Ce morcellement ne nous fut pas avantageux; nous eûmes au contraire un bien plus grand nombre de bancs à éviter. Les gros morceaux qui se détachent de ces îles, ne se voyant pendant la nuit que lorsqu'ils sont sous le vaisseau, sont bien plus dangereux que les îles elles-mêmes, qu'on aperçoit communément d'un peu plus loin, à cause de leur très haute élévation au-dessus de la surface de l'eau, à moins que le temps ne soit brumeux et sombre. Ces dangers cependant nous étaient devenus si familiers, qu'ils ne nous causaient pas de longues inquiétudes; d'ailleurs ils étaient compensés par l'eau douce que ces îles de glace nous fournissaient très à propos, et sans laquelle nous aurions éprouvé de grands besoins. Leur aspect était en même temps fort pittoresque. Nous en avons vu qui avaient un creux au milieu, ressemblant à une caverne percée de part en part, et qui admettait le jour de l'autre côté.

» Le 13 mars, le firmament était si clair à l'horizon, que nous découvrions un espace de plusieurs lieues autour de nous. Je portai toujours à l'est, inclinant vers le sud. Le 19, nous vîmes un veau marin, et vers midi quelques pingouins et des passe-pierres, ainsi qu'une poule du port d'Egmont. Les navigateurs regardent communénent ces rencontres comme des signes certains du voisinage des terres.

» En effet, le 25, la Nouvelle-Zélande fut aperçue du haut des mâts, et à midi, on la voyait de dessus le pont s'étendant à la distance de dix lieues. Comme je voulais mouiller à la baie de Dusky, ou tout autre port de la côte méridionale, je gouvernai sur la terre à toutes voiles. Le lendemain, nous entrions dans la baie de Dusky. »

La Nouvelle-Zélande est une des terres les plus pittoresques du monde en général, mais en particulier la baie de Dusky a des beautés incomparables, tant elle est semée de petites îles, tant ses côtes sont entrecoupées de curieuses déchirures, et tant elle est ornée de merveilleux paysages. Du reste, les Anglais n'y rencontrèrent qu'une seule famille de naturels, comptant huit individus solitaires, dont les relations furent des plus amicales.

Le 8 février, par une brume épaisse, dans les affreux parages de la mer polaire antarctique, la *Résolution* avait perdu de vue l'*Adventure*, et les deux navires, nonobstant leurs mutuelles recherches appuyées de nombreux coups de canon, n'avaient pu parvenir à se rejoindre. Mais en quittant la baie de Dusky et en gagnant le canal de la Reine-Charlotte, situé à la pointe nord-est de l'île méridionale de Tavaï--Ponamou, qui, avec l'île septentrionale d'Ikanamawi, dont elle est séparée par le détroit de Cook, compose la terre de la Nouvelle-Zélande, le premier objet que découvrit Cook fut l'*Adventure*, qui, depuis sa disparition, avait touché à la terre de Van-Diémen. Les Anglais des deux navires firent alors nombre d'échanges avec les naturels, qui, tous, s'informaient du Taïtien Toupaïa et de son ami Taïeto, venus avec Cook à son voyage précédent, dont ils avaient parfaite souvenance. Lorsqu'on leur apprenait leur mort, ils exprimaient aussitôt leur affliction par de longues et funèbres lamentations.

Nous ne suivrons pas la *Résolution* et l'*Adventure* dans leur relâche à Taïti, car nous avons déjà suffisamment parlé de cette île, maintenant connue de nos lecteurs. Nous dirons seulement qu'à ce second voyage de Cook à Taïti, le grand capitaine avait lu alors la belle relation de notre illustre Bougainville, et il le cite à chaque instant dans les pages de son récit, avec l'admiration qu'elle mérite. Cook revit, à Taïti, le vieil Owahw, qui reconnut de suite les Anglais; Ereti, toujours chef de la baie d'Hidia, relâche de Bougainville; Oberea, devenue bien vieille, et le jeune Wahi-Adoua, chef de Taïarabou. Mais il ne retrouva plus Tootahah et Toubouraï-Tamaïdé, qui avaient succombé dans une tentative de conquête contre la presqu'île de Taïarabou.

La mère de Tootahah, en apercevant le capitaine anglais, lui saisit les deux mains et versa un torrent de larmes, en s'écriant :

— *Tootahah taïo no touti maté !*... Tootahah, votre ami, est mort !

Les insulaires furent assez indifférents au sort de Toupaïa et de Taïeto ; à peine s'en informèrent-ils, sauf les habitants de Raïatea.

Le capitaine Furneaux emmena aussi avec lui un naturel de ce village ; il se nommait Maï.

Plusieurs autres désirèrent suivre le capitaine Cook : mais le chef de l'expédition choisit l'un d'eux, un jeune insulaire de dix-huit ans, Hidi-Hidi, qui s'embarqua avec la plus grande résolution, malgré la peinture qu'on lui avait faite des dangers et des privations de la mer.

Cook et Furneaux touchèrent ensuite à l'archipel Tonga, dont les naturels vinrent à eux dans leurs pirogues, et l'un de ceux qui montèrent sur les vaisseaux alla promener une racine de kava sous le nez de Cook. On fit avec eux de nombreux échanges. Leur chef, Taï-One, conduisit les Anglais à sa case, habitation très agréablement située sur la plage, au fond d'une belle prairie et sous l'ombrage de vigoureuses plantations. On s'y assit sur des nattes; on y but l'infusion du kava, on y entendit le chant de trois jeunes femmes, plus harmonieux que celui des Taïtiennes, on y fit en un mot le meilleur accueil aux Anglais.

Le 2 octobre, Cook mouilla à Tonga-Tabou, dont les insulaires lui offrirent des vivres de toute sorte, en échange des plus mauvaises souquenilles de l'Europe. Les Anglais virent dans cette île une espèce de temple édifié sur le sommet d'une montagne. Trois vieillards en sortirent et haranguèrent le capitaine, qui ne comprit mot de leur long discours. Beaucoup d'autres temples semblables se trouvaient dans Tonga-Tabou; c'étaient sans doute des monuments analogues aux moraïs ou tombeaux.

Les voleurs étaient aussi nombreux à Tonga-Tabou qu'à Taïti et ailleurs. Il fallut recourir à la violence pour les éloigner.

Nous parlerons plus amplement de ces îles dans les voyages de Dumont d'Urville.

En quittant les îles Tonga, une horrible tempête sépara l'*Adventure* de la *Résolution*.

Alors Cook, le 24 novembre, s'engagea de nouveau dans l'Océan glacial arctique. Lorsqu'il y fut entré, la neige qui tomba avec une extrême abondance surprit singulièrement le Taïtien Hidi-Hidi, qui l'appela *Terre blanche.* Mais ce fut bien une autre affaire quand, sous la zône torride, plus tard, la *Résolution* n'eut pas de nuit, et que l'on put écrire à minuit à la lueur du soleil. Dans cette nouvelle exploration, Cook ne réussit pas mieux que dans la première, aussi porta-t-il le cap au nord, se dirigeant vers l'île de Pâques, qu'il atteignit le 10 mars 1774.

A mesure que l'on approche de l'île de Pâques, que les naturels nomment Waïhou, elle semble sèche et stérile. En effet, presque entièrement couverte de pierres noires, rouges et brunes, d'origine volcanique et fort spongieuses, elle n'a guère d'autre végétation que des graminées qui croissent par touffes de feuilles si glissantes, qu'il est rare que l'on ne tombe pas fort souvent en les foulant aux pieds. Les arbres les plus grands, et ils ne le sont guère que de trois à quatre pieds, sont le mûrier à papier, qui sert à la confection des étoffes. On y trouve aussi des mimosas, bois rouge, dur et lourd. Cependant, malgré cette absence de tout bois, les insulaires de Waïhou ont des pirogues faites sans doute avec des troncs d'arbres apportés par les vagues.

Ce fut dans l'une de ces pirogues que deux

naturels vinrent à la rencontre des Anglais. Hidi-Hidi servit alors beaucoup en cette circonstance, car sa langue fut comprise des habitants de l'île de Pâques.

Cook chercha un mouillage et reconnut bientôt les fameuses statues gigantesques vues par le Hollandais Roggeween, lorsqu'il découvrit cette île, en 1721. Les Anglais débarquèrent sur la même plage que ce navigateur, et alors les insulaires arrivèrent par bandes nombreuses, et, dès le début, se montrèrent dignes émules des plus adroits voleurs des îles de l'Océanie.

Ces sauvages, d'une couleur très foncée, sans être noire, étaient tatoués de la tête aux pieds. Un tablier court attaché avec une liane formait le costume des hommes : celui des femmes se composait d'une grande pièce d'étoffe. Leurs jambes étaient enveloppées. Les lobes des oreilles des uns et des autres étaient d'une longueur effrayante, tirés qu'ils étaient par des anneaux, des ornements en bois, des plumes ou des touffes énormes de duvet blanc.

On ne leur voyait que des cases faites avec des bâtons plantés en terre et réunis à leur extrémité supérieure, en forme de ruche. Des branches recouvraient cette charpente, et le tout était recouvert de larges feuilles. Mais ces huttes étaient si basses qu'il fallait se mettre sur le ventre pour y entrer.

D'après ce qu'on crut comprendre, les statues de cette île, monuments formés de simples pierres et remontant à la plus haute antiquité, aussi bien que les bustes, les pyramides, etc., qui les entourent, ne sont autre chose que des tombeaux ou moraïs. Ces monuments étaient de dix et quinze pieds : quelquefois la coiffure de ces statues était composée d'un cylindre en pierre de cinq pieds de diamètre, formant à lui seul le tiers de la statue.

Les habitants de l'île Waïhou n'avaient pour armes que des casse-tête, sculptés à l'une des extrémités, et des lances dont la pointe était faite de lave.

Voici ce que dit Hidi-Hidi des insulaires de l'île de Pâques :

— *Taata maïtaï, Wenoua ino...* Hommes bons, terre mauvaise !

Cook vit ensuite, le 6 avril, l'îlot de Fatou-Hou, puis Ohiva-Hoa et Tao-Wati, des îles Marquises. Mais il n'aperçut pas Nouka-Hiva, qui donne son nom à l'archipel. La *Résolution* faillit se perdre en mouillant dans la baie de Tao-Wati. Au coucher du soleil, des échanges étaient déjà faits entre les Anglais et les sauvages venus en pirogues. Ils étaient grands, robustes, bien faits, d'une figure agréable, mais noirs, tatoués sur tout le corps, et armés de frondes et de pierres. Ils apportaient des fruits à pain, des bananes et des cochons. Mais ils volèrent, eux aussi, et il fallut tirer à balles sur le plus hardi des larrons. Aussitôt les naturels emportèrent le cadavre dans les bois, et ils revinrent en grand nombre sur la plage, armés de massues et de lances, et faisant un grand bruit de tambours. Un second coup de fusil, tiré en l'air, les dispersa comme une volée de pigeons.

L'expédition revint encore à Taïti, le 23 avril.

Cette fois les Anglais y trouvèrent la plus grande réunion de pirogues qu'ils eussent jamais vue en Océanie. Il s'agissait d'une expédition contre Eïméo, île voisine avec laquelle on était en guerre. La curieuse flotte des Taïtiens se composait de cent soixante grosses doubles pirogues de quarante, cinquante pieds de longueur, portant chacune quarante hommes, et de cent soixante-dix doubles pirogues plus petites, montées par huit guerriers. Le costume de ces guerriers était barriolé, car il était formé de pièces d'étoffes de diverses couleurs, trouées par le centre et placées l'une sur l'autre, celles du dessus étant d'une coupe amoindrie, de manière à laisser passer la tête et les bras. Les boucliers et les cuirasses étaientfaits d'osier, tapissés de plumes et de dents de requin. Leurs casques, composés de longs cylindres d'osier revêtus de plumes vertes et bleues, avec des bordures de plumes blanches et de franges en longues plumes d'oiseaux des tropiques, s'élevaient jusqu'à cinq pieds, ce qui en faisait des géants. Les chefs se reconnaissaient à de longues queues rondes en plumes vertes et jaunes, retombant sur leur dos. Towhaa était l'amiral de cette flotte. En cette qualité, son casque était orné de cinq queues dont l'extrémité était décoré de cordons de bourre de cocos mêlés à des plumes rouges.

Hidi-Hidi, à qui l'on ne pouvait promettre de le ramener dans sa patrie, dut y rester cette fois. Il en fut d'autant plus désolé qu'on ne lui fit pas un accueil très chaleureux. Quand la *Résolution* mit à la voile, il se coucha dans sa pirogue, fondant en larmes, et pendant longtemps les Anglais le virent agenouillé et tendant les bras vers le navire, comme pour lui dire adieu.

Le 20 juin, l'expédition fut en vue d'une île escarpée et rocheuse que l'on n'osa aborder tant elle était bien défendue par des masses de sauvages nus et armés qui s'opposèrent au débarquement avec une véhémence effrayante et une incroyable férocité. Cette île reçut le nom de Sauvage. Ses côtes s'élèvent en falaises taillées à pic, à une hauteur de quinze mètres, mais rongées à leur base par la dent des vagues furieuses.

Le 24, Cook repassa près des îles Tonga, et aborda à Namouka, que Tasman appela Rotterdam, en la découvrant. Nous ne pouvons raconter les aventures qui arrivèrent aux Anglais, l'espace nous manque.

Nous ne raconterons pas non plus comment Cook explora les Nouvelles-Hébrides, et reconnut l'île Mallicolo, puis celle de Tanna, arriva à la découverte de la Nouvelle-Calédonie, relâcha une quatrième fois à la Nouvelle-Zélande, et reçut enfin des nouvelles de l'*Adventure*, lorsqu'il atteignit le Cap de Bonne-Espérance pour retourner en Europe.

D'après une lettre du capitaine Furneaux, qui attendait Cook à la ville du Cap, le navire l'*Adventure* était venu mouiller dans le canal de la Reine-Charlotte, après avoir été séparé de la *Résolution* par la tempête dont nous avons parlé.

L'*Adventure* y était arrivé le 30 novembre 1773, et il allait s'en éloigner le 18 décembre, quand la chaloupe qui était allée à terre, pour cueillir des plantes bonnes à manger, ne revint pas à bord. L'officier Rowe commandait cette embarcation. Furneaux ne la voyant pas reparaître, conçut quelques inquiétudes, et envoya à sa recherche dix soldats armés, sous les ordres du lieutenant Burney. Vainement cette petite troupe explora la côte, les anses et les habitations du voisinage, elle ne découvrit rien et allait revenir à bord, quand au retour, elle vit, près de l'Anse aux Herbes, un gros de sauvages qui s'enfuyaient vers les bois. Aussitôt on parcourut la grève déserte, et l'on trouva des débris de canot, des chaussures, dont l'une fut reconnue comme appartenant à un officier marinier, puis encore un certain nombre de corbeilles pleines de fougères les unes, mais les autres remplies de chair humaine rôtie, d'autres souliers anglais et notamment une main d'homme sur laquelle étaient tatouées les lettres T. H. Or, les Anglais avaient parmi leurs matelots un individu du nom de Thomas Hill qui avait ses initiales gravées sur la peau de la main avec de la poudre. Il n'y avait pas à s'y méprendre. On allait fouiller le sol qui avait été remué lorsqu'une grande fumée, qui parut dans le voisinage de l'anse, contraignit les Anglais à se rembarquer en toute hâte. La petite troupe gagna une baie assez proche où elle vit quatre pirogues et quelques naturels qui se sauvèrent à son approche et se replièrent sur une éminence où brûlait un grand feu, qu'entouraient de douze à quinze cents sauvages. Le lieutenant Burney marcha droit à ce feu et on fit successivement deux décharges de mousqueterie. D'affreux hurlements répondirent à la fusillade, et les Zélandais s'enfuirent rapidement. Deux d'entre les naturels osèrent seuls rester, mais quand ils virent que la troupe anglaise les couchait en joue, ils s'éloignèrent lentement d'un pas calme et majestueux. Toutefois une balle atteignit le plus proche, à quatre cents pas environ. Là, Burney découvrit les restes de la chaloupe, et, tout auprès, les cœurs, les têtes et les poumons de plusieurs hommes fraîchement égorgés. Cette affreuse reconnaissance mise à fin, les Anglais s'éloignèrent en toute hâte, car les sauvages se rassemblaient à quelque distance en grand nombre, et une pluie abondante qui commençait à tomber n'aurait pas permis de faire usage des armes à feu.

Ainsi, dans cet horrible guet-apens, l'*Adventure* perdait dix hommes de son équipage.

Furneaux leva l'ancre le 23 décembre et arrivait en Angleterre le 14 juillet 1774, après avoir doublé le cap Horn.

Cook prolongea son séjour au Cap jusqu'au 27 mars 1775, et le 29 juillet il rentrait à Plymouth, après une navigation de trois ans et dix-huit jours, pendant laquelle il n'avait perdu que quatre marins.

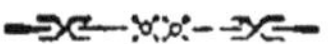

## TROISIÈME VOYAGE.

### 1776-1779.

Recherche d'un passage au nord-ouest de l'Amérique.

Après son second voyage autour du monde, James Cook fut nommé capitaine de première classe et reçut le titre de membre de la Société royale de Londres.

L'intrépide navigateur se livrait à un repos bien mérité, lorsqu'il apprit de l'Amirauté britannique qu'une grande expédition se préparait pour chercher un passage au nord-ouest de l'Amérique, afin de communiquer plus rapidement avec les Indes orientales.

Cook, infatigable toujours, demanda le commandement de cette expédition, et l'obtint sans difficulté.

La *Résolution* fut mise de nouveau sous sa direction.

On lui adjoignit la *Discovery*, confiée aux ordres du capitaine Clarke.

Jusqu'à ce moment, les navigateurs avaient porté tous les efforts de leurs recherches vers la mer du nord.

Cook résolut de pénétrer dans les régions polaires arctiques par l'océan Pacifique, et de chercher de ce côté la solution du problême du passage controversé depuis longtemps.

Nouvelle-Zélande. — Archipel des îles Tonga. — Encore Taïti. — Archipel des îles Havaï ou Sandwich. — Meurtre de Cook.

La *Résolution* et la *Discovery* ne quittèrent l'Angleterre qu'à quinze jours d'intervalle.

Le premier mettait à la voile de Plymouth le 12 juillet 1776, et le second le 1er août.

Mais les deux navires devaient se rejondre au cap de Bonne-Espérance.

Cook ramenait à Taïti le jeune Maï, dont

Furneaux s'était chargé jusqu'alors. Pendant son séjour à Londres, le Taïtien avait été fêté, caressé et comblé de bienfaits par toutes les classes de la société.

Le 3 décembre, la *Résolution* et la *Discovery*, réunies au Cap, poursuivirent ensemble leur voyage, et, se dirigeant vers le sud-est, eurent bientôt connaissance de la Terre de Kerguelen, récemment découverte, en 1772, par le vice-amiral Français Yves de Kerguelen. Cette terre portait aussi le nom de Ile de la Désolation.

L'expédition fit ensuite de l'eau, du bois et de l'herbe pour les bestiaux qu'elle devait déposer sur divers points de l'Océanie, dans la baie de l'Adventure, du capitaine Furneaux, sur la Terre de Van-Diemen, où les naturels se montrèrent sans défiance. On remarqua parmi eux un sauvage bossu, qui, par ses cabrioles et ses joyeusetés, ainsi que nos fous d'autrefois, divertissait beaucoup ses noirs compagnons.

Le 12 février, Cook mouillait dans le canal de la Reine-Charlotte, sur la Nouvelle-Zélande, au lieu même témoin du massacre des dix marins du capitaine Furneaux.

Les Zélandais arrivèrent bien en pirogue, mais pas un ne voulut monter à bord. Evidemment ils avaient reconnu les Anglais et redoutaient leur vengeance. Mais le chef de l'expédition les rassura en leur faisant comprendre qu'il avait oublié leur crime et qu'il ne songeait qu'à renouveler avec eux son ancienne amitié.

Alors Kahouraa, qui passait pour le moteur du massacre, et même pour le meurtrier des Anglais, ne craignit pas de venir trouver Cook. Vainement les officiers, et même bon nombre de naturels, demandèrent la mort de ce chef impie et anthropophage. Vainement Maï, le doux Taïtien, témoin de la scène sanguinaire, puisqu'il était sur l'*Adventure*, s'écria :

— *Maté Kahouraa! Maté Kahouraa!* Tuez-le! tuez-le!

Et voyant que Cook ne cédait pas à son désir, vainement Maï voulut le tuer lui-même de sa propre main ; le généreux Cook résista, et, selon sa promesse, ne voulut jamais que l'on fît aucun mal aux cruels sauvages.

Aussi Kahouraa revint à bord, avec tous les siens. En cet instant, Maï, transporté de colère, voulut se précipiter sur le chef zélandais. Cook le retint, et le pria de questionner Kahouraa et de lui demander le motif de sa barbarie vis-à-vis des Anglais. A cette parole terrible, le chef pâlit, inclina la tête et tendit les bras, comme s'il se soumettait à la mort. Mais Cook lui rendit sa sérénité en disant de nouveau qu'il lui donnait son pardon. Alors Kahouraa raconta que l'échange d'une hache en pierre d'un Zélandais avec un matelot n'ayant pas été suivie de l'objet que devait remettre l'Anglais, il s'en était suivi une rixe. Les Anglais avaient frappé les premiers, et les Zélandais n'avaient fait que se défendre : mais, plus nombreux, ils avaient eu raison de leurs adversaires.

Maï obtint de Cook de se faire suivre de deux petits sauvages. La permission lui en fut donnée : mais parents et enfants furent prévenus qu'ils ne se verraient jamais.

Les vaisseaux s'éloignaient de la Nouvelle-Zélande, que les deux petits sauvages en furent bientôt à des regrets d'autant plus vifs, qu'ils furent cruellement torturés par le mal de mer. On ne cessait de les entendre gémir, pleurer et chanter de la manière la plus sinistre et la plus lamentable. Mais une fois guéris, ils parurent oublier entièrement leur pays et ne s'occuper plus que des Anglais.

Le 29 mars, l'île de Mangia fut en vue; puis le 30, on reconnut Watiou, dont les naturels, qui vinrent à bord, furent stupéfaits à la vue des chevaux et des bœufs qu'ils trouvèrent sur le navire. Dans cette île, Maï reconnut plusieurs Taïtiens qu'une tempête avait transportés jusque-là sur une mauvaise pirogue qui les avait vus périr presque tous, à l'exception de quatre.

Le 14 avril, on trouva l'île Palmerston, découverte précédemment par Cook. Enfin, le 28, on fut en face des îles Tonga, où le 1er mai, la *Résolution* jeta l'ancre à Namouka, où trois ans auparavant Cook avait débarqué.

Un chef de l'île, nommé Toubo, vint rendre visite au capitaine Cook, qu'il conduisit, ainsi que Maï, dans sa case fort élégante.

Puis, vint de Tonga-Tabou un autre chef, Finaou, homme de trente ans, aux traits européens, entouré de la vénération des sauvages qui se prosternaient devant lui, en lui touchant la plante des pieds. Finaou se déclara l'*ofa* de Cook et s'installa à la table des Anglais, qui se trouvèrent, par sa présence, débarrassés des importuns, car aux îles Tonga, les voleurs étaient aussi nombreux et plus adroits qu'ailleurs. Le seul moyen que l'on put employer pour les signaler à l'attention des sentinelles, fut de leur raser la tête.

Le 17 juillet, Cook s'éloigna des îles Tonga, et, peu de jours après, les sommets verdoyants de Taïti apparurent dans les brumes empourprées de l'horizon.

Tout d'abord Cook alla toucher à Taïarabou. Le croira-t-on ? Maï ne reçut qu'un froid accueil de ses compatriotes. Il ne fut pas jusqu'à son beau-frère, le chef Outi, qui ne parût lui marquer de l'indifférence. Mais la vue des plumes rouges, dont Maï avait une ample provision, changea bientôt la disposition de tous les esprits. Outi voulut alors que Maï devînt son *taïo* et changeât de nom avec lui. Sans l'avis de Cook, le bon Maï se fût laissé entraîner par ces démonstrations égoïstes. Quant à la sœur du jeune Taïtien, elle fut sincère dans les témoignages d'amitié qu'elle lui donna.

Cook, très richement approvisionné par les heureuses plumes rouges dont il était aussi très abondamment pourvu, gagna la baie de Matavaï. Le chef de Matavaï, Otou, eut pour le capitaine anglais tous les égards possibles : mais, là aussi, le pauvre Maï fut regardé de travers. Toutefois, quand on le revit paraître revêtu de très splendides habits, qu'il eut fait présent à Otou d'une magnifique touffe de plumes rouges et de plusieurs pièces de drap d'or, et qu'enfin on le sut très riche, il n'y eut plus d'amitiés qu'on ne lui fît.

Hélas! Maï seconda mal les intentions de Cook, qui aurait voulu qu'il s'établît à Taïti et qu'il présidât aux soins à donner aux animaux qu'on laissa dans l'île. Notre Taïtien ne se lia qu'avec des fripons, et bientôt il perdit les bonnes grâces du chef et des Taïtiens de rang élevé.

Quand on connut dans l'île l'arrivée des Anglais, Hidi-Hidi accourut en toute hâte, avec nombre d'autres insulaires. Le brave Hidi-Hidi tout heureux de retrouver ses amis de la *Résolution*, s'écriait en anglais :

— Yes, sir ; if you please, sir !

Dans son parler verbeux, il ne s'inquiétait nullement de l'à-propos de ses paroles. Néanmoins sa nature sauvage avait déjà repris le dessus. Quoique Cook lui eût fait présent de superbes vêtements, il les quitta bien vite pour reprendre les vêtements des naturels, ses frères.

Ce voyage rendit Cook témoin d'un sacrifice humain, à Taïti. Un naturel, coupable sans doute de quelque faute, fut assommé à Atahourou, en présence de Cook et d'Otou, devant le moraï royal. La cérémonie fut accompagnée de prières et de pratiques singulières, sans doute pour disposer *Atoua* à se montrer favorable. Les cheveux et l'œil gauche de la victime furent offerts à Otou, et, comme un oiseau se mit à chanter alors que la victime expirait, les insulaires dirent aussitôt que c'était Atoua qui les remerciait.

Cook compta quarante crânes étalés dans le moraï, preuve évidente de la fréquente répétition de ces affreux sacrifices.

Le 18 janvier 1778, la *Résolution* et la *Disco-*

*very* apercevaient les cîmes neigeuses des hautes montagnes de l'archipel Havaï, aux cinquante-sept volcans toujours en ignition.

Découvertes en 1542, par l'Espagnol Juan Gaëtano, ces îles étaient encore peu connues. Cook leur donna le nom de Sandwich, en l'honneur du lord de ce nom.

Mais le capitaine anglais n'y fit qu'un très court séjour, car ce fut alors qu'il alla explorer les côtes nord-ouest de l'Amérique septentrionale, jusque dans l'océan Glacial arctique, pour y trouver le passage tant désiré.

Cette exploration n'eut pas de résultat heureux.

L'expédition quitta donc, vers la fin de novembre, les parages de l'Amérique et regagna les îles Sandwich, qu'elle voulait étudier.

Le 1er décembre, à huit heures du matin, l'île Owyhée se prolongeait du sud-est au sud-ouest, et Mowhée du nord au nord-ouest. Les deux navires s'étant rejoints, on mouilla, le 17 janvier 1779, dans la baie de Karakakoa.

La baie de Karakakoa est située au côté occidental de l'île Owyhée, dans un district appelé Akona. Elle est bornée par deux pointes de terres basses, éloignées l'une de l'autre d'une lieue et demie. Le village de Kowrowa occupe la pointe septentrionale, qui est plate et stérile. Au fond de la baie, près d'un bocage de grands cocotiers, il y a une autre bourgade appelée Kakoa. L'intervalle qui les sépare est rempli par une haute montagne de roche, inaccessible du côté de la mer. Le rivage qui entoure la baie est un rocher de corail noir, et le débarquement est très dangereux par un gros temps. Il faut excepter toutefois le village de Kakoa, où il y a une belle grave de sable qui offre à l'une de ses extrémités un moraï ou cimetière, et à l'autre un petit puits d'eau douce. Le capitaine Cook ayant jugé que l'on pouvait y radouber les vaisseaux, et y embarquer de l'eau et des vivres, on amarra au côté septentrional, à un quart de mille du rivage.

« Dès que les naturels s'aperçurent que nous voulions mouiller dans la baie, dit le capitaine King, ils vinrent près de nous. La foule était immense. Ils témoignèrent leur joie par des chants et des cris, et ils firent toutes sortes de gestes bizarres et extravagants. Ils ne tardèrent pas à couvrir les flancs, les ponts et les agrès des deux vaisseaux, et une multitude de femmes et d'enfants, qui n'avaient pu trouver de pirogues, arrivèrent à la nage. Ceux-ci formaient sur la surface de la mer de véritables radeaux. La plupart, ne trouvant pas de place à bord, passèrent la journée à se jouer au milieu des vagues. » On eût dit des bancs de poissons gigantesques qui couvraient la mer. En outre, la plage fourmillait de sauvages venus de toutes les parties de l'île, et tous chantaient, tous riaient, tous exprimaient leur joie par les sauts les plus bizarres et les postures les plus excentriques. C'était un spectacle curieux et fort pittoresque. »

Aussi les Anglais demeurèrent-ils persuadés que les îles Hawaï étaient la plus importante découverte que l'on eût encore faite dans l'Océanie.

Bientôt deux chefs arrivèrent à bord. Ils avaient nom Paria et Kanina. Ils se proclamèrent les amis de Cook.

Un troisième chef, Kaou, sorte de prêtre de l'île, vint à son tour.

Une foule immense accompagnait chacune de ces visites, et comme les sauvages volaient avec une sorte de passion, la présence de ces trois chefs maintenait la rapacité des insulaires.

Du reste, ces deux chefs de l'île, Paria et Kanina, ainsi que le prêtre Kaou, rendaient de tels hommages à Cook et à ses officiers, ils déployaient un tel apparat cérémonieux pour les approcher, les vénérer et s'entretenir avec eux, que les Anglais étaient stupéfaits et comprirent qu'il y avait une énigme, pour eux inexplicable, dans les procédés étranges dont ils étaient l'objet.

Quant aux autres insulaires, les vols à part, ils étaient respectueux au possible et pleins de zèle. Chaque jour leurs pirogues arrivaient chargées de cochons, de poissons, de fruits, d'herbes, et les échanges se faisaient d'une façon merveilleuse. Aussi les relations étaient des plus amicales.

Trop amicales même! Car, un jour que Cook était venu à terre, on conduisit en grande pompe le capitaine anglais à une sorte de temple, *Hare no o Rono*, — la maison de Rono, — et il fut porté sur un siége au pied d'une idole colossale, affreuse à voir, coiffée d'un long bonnet pointu et enveloppée d'un immense suaire blanc. Il fallut que Cook se laissât envelopper le bras droit d'une étoffe rouge, et l'officier King dut le lui soutenir. Puis, un jeune chef, Kaïri-Kia, se présenta devant lui, avec un cortége de douze prêtres. Alors prenant un petit cochon des mains de l'un de ces prêtres, il psalmodia certaines prières, et enfin étrangla l'animal, qui fut aussitôt préparé, cuit et dépecé. Dans cet état le cochon fut offert à Cook, avec force prières et des dons de noix de coco et de coupes remplies de la boisson du kava. Il s'agissait de faire manger de ce porc à Cook, qu'ils invoquaient sous le nom de Rono. On en mit un morceau sur la bouche du pauvre capitaine, qui le refusa. Mais le prêtre Koala, ayant mâché lui-même ce morceau, le remit sur les lèvres de Cook qui, cette fois, dut... accepter l'offrande.

Chose singulière encore ! Cette fois, comme toutes les fois que Cook paraissait dans l'île, la multitude des sauvages venus des extrémités de l'île se prosternait sur son passage; on lui faisait des offrandes; on balbutiait des prières devant lui; on égorgeait des victimes dans le temple, et on l'appelait le Grand Rono !

C'était à n'y rien comprendre.

« Les choses en étaient là, dit l'officier King, dans sa relation, lorsque, le 24 janvier, nous fûmes très surpris de voir qu'on ne permettait à aucune embarcation de partir de la côte et que les naturels se tenaient près de leurs cabanes. Il se passa quelques heures avant que nous pussions en expliquer le motif. Enfin nous apprîmes que l'arrivée du grand chef de l'île, Terrecoboo, avait fait tabouer la baie et défendre toute espèce de communication avec nous. Nous n'avions pas prévu les incidents de cette sorte, et les équipages de la *Résolution* et de la *Discovery* n'eurent pas ce jour-là les végétaux qu'on leur servait ordinairement. Le lendemain, nos gens employèrent les menaces et les promesses, afin de déterminer les naturels à venir à la hanche des vaisseaux. Quelques-uns d'entre eux eurent enfin la hardiesse de s'éloigner de la côte : mais nous aperçûmes un chef qui s'y opposa et qui entreprit de les ramener à terre. Ne voulant pas qu'il exécutât son projet, nous tirâmes immédiatement un coup de canon qui produisit l'effet que nous espérions. Peu après nous pûmes acheter des provisions et des rafraîchissements.

» Dans l'après-midi, Terrecoboo vint, incognito, se promener autour de nos bâtiments. Il avait dans sa pirogue sa femme et ses enfants. »

Puis, le grand chef annonça qu'il rendrait à Rono une visite solennelle et qu'il lui présenterait les offrandes que l'on donne aux dieux. En effet, peu de jours après, Terrecoboo entra dans sa grande pirogue; deux canots plus petits, mais chargés de provisions de choix l'accompagnèrent, et il vint à bord, ayant pour escorte tous ses officiers en grands manteaux de plumes bariolées, aux couleurs éclatantes. Les pirogues qui suivaient étaient chargées de prêtres portant leurs idoles, gigantesques mannequins aux visages hideux, ayant d'énormes mâchoires de requin et pour yeux des disques de nacre de perle avec une noix foncée pour prunelle, le reste du corps enfoui dans d'immenses manteaux de plumes. Quant aux naturels, ils nageaient en tel nombre que l'eau de la baie disparaissait sous la mosaïque de leurs têtes et de leurs corps. Les pirogues firent le tour des deux navires, puis, au lieu de monter sur le pont, Terrecoboo fit signe à Cook de venir conférer sur la grève de la plage, où précédemment les Anglais avaient élevé une tente qui tenait lieu de débarcadère.

« Ils y furent à peine assis, continue M. King, que Terrecoboo se leva et plaça non sans grâce sur les épaules de notre commandant le riche manteau de plumes qu'il portait. Il mit de plus un casque de plumes sur sa tête et un curieux éventail dans ses mains, et enfin il étendit à ses pieds six manteaux fort beaux et d'une grande valeur. Puis, les gens de son cortége apportèrent quatre gros cochons, des cannes à sucre, des noix de coco et du fruit à pain. Terrecoboo termina cette partie de la cérémonie en changeant de nom avec le capitaine Cook. Enfin une procession de prêtres, avec leurs idoles, menée par un vieux personnage d'une physionomie vénérable, parut, défila, et, suivie d'une longue file d'insulaires portant de gros cochons en vie, des bananes, des patates, etc., les offrit à Cook.

Le grand chef Terrecoboo était vieux déjà; maigre et infirme, son visage exprimait la bonté. Il avait parmi les siens, quand il se présenta à Cook, ses deux fils et un neveu, devenu fameux depuis lors sous le nom de Tamea-Mea. Mais ce jeune chef avait des traits sauvages qu'il rendait plus durs encore en se couvrant la tête d'une poudre d'ocre du plus sinistre effet.

Terrecoboo s'informa souvent, pendant le séjour des Anglais, du moment de leur départ. On crut qu'il était impatient de les voir partir; il n'en était rien. Le vieux chef voulait tout simplement offrir à Cook, pour ce jour-là, de nouveaux et riches présents. Je dois dire qu'en échange de ceux qu'il avait reçus, Cook avait donné une chemise à Terrecoboo et l'avait ceint de sa propre épée.

En effet, le 3 février, veille du départ, Cook et King, venus dans le village de Kaou, trouvèrent le sol entièrement couvert d'étoffes et de fruits. En outre on leur donna un très nombreux troupeau de cochons. C'était le cadeau d'adieu du vieux chef. Les sauvages se prosternaient comme de coutume devant Rono.

Les Anglais quittèrent en effet Owhyhée le 4 février, afin de visiter les autres îles. Mais une tempête ayant brisé l'un des mâts de la *Résolution*, Cook dut reprendre le mouillage dans la baie de Karakakoa, sur la grève de laquelle on installa des tentes, des ateliers de charpente et des forges. Les naturels se montrèrent aussi empressés, et les relations amicales continuèrent.

Mais les Anglais commirent des fautes. D'abord, Cook, violent et même brutal, fit saisir la pirogue du chef Paria, qui avait toujours été bon pour les étrangers, et cela afin qu'on lui rendît qu'on quelques menus objets volés par les sauvages. Une lutte s'engagea, entre les naturels et les matelots, et ce fut Paria qui intervint pour sauver les Anglais.

Cette ingratitude envers le bon Paria fut remarquée des insulaires.

Ce ne fut pas tout. Une nuit, quelques voleurs s'introduisirent dans une tente, et on fit cruellement feu sur eux.

Enfin, la chaloupe de la *Discovery* fut volée, elle aussi.

Grande fureur de Cook. Il fit tirer à boulets sur les pirogues des sauvages. Puis, le voici qui se rend à terre, avec la résolution d'enlever le vieux Terrecoboo, ses officiers, d'autres chefs encore, si possible, et de les prendre comme otages, jusqu'à la restitution de la chaloupe. En effet, le 14 février, à huit heures du matin, il s'embarque dans un canot avec huit soldats de marine, et la chaloupe armée en guerre l'accompagne. On vogue vers le village de Kowrowa. Il y prend terre au milieu d'une masse compacte de naturels qui lui témoignèrent leur respect ordinaire. Il trouve Terrecoboo encore couché et endormi. Mais il le réveille et l'invite à venir à bord de la *Résolution*. Le vieux chef ne résiste pas : il se lève et suit Cook, qui, en outre, emmène les deux fils de Terrecoboo jusqu'à l'embarcadère, où les enfants prennent place dans le canot.

Les sauvages, encore en ce moment, semblaient toujours amis des Anglais. Mais quand on vit Terrecoboo sortir de sa case, suivre Cook et se rendre à la plage, on ne sut trop que penser parmi les naturels. Alors une vieille sauvage appela à haute voix Kanee Kabarea, mère des deux enfants, et l'une des épouses favorites du vieux chef. Celle-ci courut à Terrecoboo et employa les larmes et les prières les plus ardentes pour l'empêcher d'aller aux navires. En même temps, les insulaires se rendaient en très grand nombre sur le rivage, où ils formaient des groupes innombrables, qui vraisemblablement étaient effrayés du bruit des canons et des préparatifs d'hostilités qu'ils remarquaient. Aussi se précipitèrent-ils en foule autour du capitaine Cook et de leur grand-chef. Le lieutenant des soldats de marine qui vit bientôt ses gens pressés par la foule et hors d'état de se servir de leurs armes, s'il fallait y avoir recours, proposa à M. Cook de les mettre en bataille le long des rochers, près des bords de la mer. Là, la population leur ayant ouvert un chemin sans difficulté, les soldats se postèrent à trente verges de l'endroit où Terrecoboo, irrésolu, s'assit, ayant devant lui Kanee-Kabarea cherchant à le ramener à sa case. Le vieillard avait la tête sur la poitrine.

Tandis que le grand chef était ainsi arrêté, un chef, Kaou, qui devina la position, s'approcha de Cook et cherchait à le frapper de son *pahoa*, qu'il tenait à demi caché. Un soldat le vit et l'ajusta : mais Cook fit signe de ne pas tirer, et un officier se contenta d'éloigner Kaou. Cependant, un naturel saisit le fusil du sergent, et le tumulte s'accroissant de plus en plus, Cook renonça à enlever Terrecoboo, et songea à regagner son canot, comme chose plus prudente.

« Malheureusement, dit M. King, nos canots placés en travers de la baie ayant tiré sur des pirogues, tuèrent un chef du premier rang. La nouvelle de sa mort arriva au village de Kowrowa, où était Cook, au moment où il s'éloignait de Terrecoboo et marchait vers son canot. Une fermentation se produisit soudain. Les sauvages renvoyèrent aussitôt les femmes et les enfants : ils se revêtirent de leurs nattes de combat et s'armèrent de piques et de pierres. L'un d'eux, vibrant son pahoa, long poignard de bois dur, s'approcha de notre commandant. Cook lui fit signe de cesser ses menaces : mais le sauvage le suivant toujours de près, le capitaine lui tira un coup de petit plomb. Le plomb ne put pénétrer la natte de guerre, et le sauvage, plus audacieux, s'approcha davantage. D'ailleurs, une pluie de pierres commença à tomber sur les soldats de marine. Cette fois le commandant tira à balle et tua son ennemi. Les soldats de marine, de leur côté, répondirent par une décharge générale. Les canots, eux aussi, commencèrent leur feu. Il s'en suivit une scène d'horreur et de confusion.

Les sauvages se précipitèrent sur la plage. Quatre des soldats de marine furent immédiatement assommés à coups de massue. Trois autres furent blessés grièvement. Le lieutenant, écharpé d'un coup de pahoa, tua le sauvage qui s'acharnait après lui. En ce moment Cook allait à la mer pour gagner son canot, faisant signe de ne plus tirer, et en même temps regardant fixement les sauvages, qui, sous son regard, restaient immobiles. Mais ayant cessé un moment de leur tourner son visage, il fut soudain poignardé par derrière. Il tomba la tête dans la mer. Aussitôt les insulaires firent entendre des cris de joie, et saisissant Cook par les jambes, ils le traînèrent sur la plage, et s'arrachant le paboa les uns aux autres, ils s'acharnèrent tous avec une ardeur féroce à lui porter des coups dans la poitrine et le dos, alors même qu'il ne respirait plus.

Ainsi se termina la brillante carrière de l'illustre marin.

« Il m'est impossible, achève M. King, de décrire tout ce que j'éprouvai durant l'affreux carnage qui eut lieu de l'autre côté de la baie. Placé à moins d'un mille de Kowrowa, au poste des Mâts, nous aperçûmes distinctement une foule immense rassemblée à l'endroit où le capitaine Cook venait pour s'embarquer : nous entendîmes le feu de la mousqueterie et nous apercevions un mouvement extraordinaire.

« Enfin, les naturels, convaincus que si nous avions souffert dans cette lutte, ce n'était point par faiblesse, cessèrent de nous inquiéter.

» Un chef, nommé Eappo, qui nous avait fait peu de visites, mais que nous connaissions pour un personnage de première importance, vint, le soir, nous demander la paix de la part de Terrecoboo, et il nous apporta des présents. Avant toutes choses nous réclamâmes le corps du capitaine Cook. Il nous répondit que la chair de nos soldats de marine et les os de la poitrine et de l'estomac avaient été brûlés, mais que ceux des bras, des mains, des jambes et des cuisses avaient été partagés entre les chefs inférieurs. Il ajouta qu'on avait disposé autrement des restes du capitaine Cook. On avait donné la tête à un grand chef appelé Kahoo-Opeou, la chair à Mahia-Mahia, et les cuisses et les jambes à Terrecoboo.

» Des messages qui eurent lieu entre le capitaine Clarke, de la *Discovery*, et Terrecoboo, employèrent les jours suivants.

» Enfin, entre dix et onze heures, le 19, une multitude d'insulaires descendit la colline qui domine la grève. Ils formaient une sorte de procession. Ils portaient sur leurs épaules une ou deux cannes à sucre, et ils avaient dans leurs mains du fruit à pain, du taro et des bananes. Ils étaient précédés de deux tambours, qui, arrivés au bord de la mer, s'assirent au pied du pavillon blanc et se mirent à frapper de leurs instruments. Leurs amis, qui suivaient à la file, s'avancèrent l'un après l'autre, et, après avoir déposé les présents qu'ils apportaient, ils se retirèrent dans le même ordre. Alors nous aperçûmes Eappo, revêtu d'un long manteau de plumes. Il tenait quelque chose avec beaucoup de soin, et, s'étant placé sur un rocher, il nous fit signe de lui envoyer un canot.

» C'étaient les restes de Cook qu'il nous apportait, enveloppés dans une quantité considérable d'une très belle étoffe neuve et couverts d'un manteau semé de plumes noires et blanches. »

Les mains de Cook étaient entières; on les reconnut à une cicatrice qui séparait le pouce de l'avant-doigt. On y trouva de plus l'os du métacarpe et la tête dépouillée de la chair. La chevelure avait été coupée, et elle était séparée du crâne et jointe aux oreilles; les os de la face manquaient. On recueillit aussi les os des bras, etc.

Eappo et le fils du grand chef revinrent ensuite, apportant ce qu'on avait retrouvé du corps de Cook, et en outre les deux canons de son fusil, ses souliers, et divers objets. Eappo s'efforça de prouver que Terrecoboo, Mahia-Mahia et lui-même, désiraient très sincèrement la paix. Il montra le plus grand chagrin sur la mort des six chefs tués par les Anglais, dont plusieurs étaient leurs amis très dévoués.

« Nous renvoyâmes Eappo, en lui enjoignant de mettre le tabou sur toute la baie, dit M. King. Puis, dans l'après-midi, les ossements de M. Cook furent déposés dans une bière, et on les jeta à la mer avec les cérémonies accoutumées. Les lecteurs imagineront quelle fut notre douleur pendant cette triste cérémonie.

» Enfin, nous quittâmes ces tristes parages après avoir achevé l'exploration et la reconnaissance des îles Sandwich, pour revenir ensuite en Europe. »

Avant de terminer ce que nous venons de dire des voyages de l'illustre et très regrettable capitaine Cook, nous devons donner quelques explications sur l'espèce de culte que les Hawaïens rendirent au navigateur.

D'après eux, un certain Rono vivait au début de l'île Hawaï. Il tua sa femme, qu'il aimait beaucoup pourtant. Puis la douleur l'ayant rendu fou, il s'embarqua dans une pirogue et se lança en mer, promettant de revenir un jour. Les Hawaïens mirent ce Rono au nombre de leurs dieux. Confiants dans sa promesse, ils l'attendaient chaque année, lorsque Cook arriva. Dans ses vaisseaux, les braves insulaires virent des îles flottantes. Kaou, le chef des prêtres, déclara que Cook était Rono. De là toûs les honneurs qu'on lui rendit.

Aussi, Cook une fois mort, et quand l'effervescence de la vengeance fut calmée, comme la fable de Rono avait grand crédit chez les sauvages, ils firent un dieu de Cook, et les honneurs divins furent rendus à ses dépouilles. Voilà pourquoi les chefs s'étaient partagés ses ossements. Sa mémoire est immortalisée dans ces îles, et avant leur conversion au christianisme, c'était une croyance admise chez les Sandwichiens que, Rono-Cook ressuscité, il paraîtrait de nouveau à Hawaï et tirerait vengeance de ses meurtriers.

### Croyance des habitants des Iles de la Société.

« Le système religieux de ces îles est fort étendu et singulier sur un grand nombre de points; mais peu d'individus du bas peuple le connaissent parfaitement; cette connaissance se trouve surtout parmi les prêtres, dont la classe est très nombreuse. Ils croient qu'il existe plusieurs dieux, dont chacun est très puissant: mais ils ne paraissent pas admettre une divinité supérieure aux autres. Les différents cantons et les diverses îles des environs ayant des dieux divers, les habitants de chacun de ces cantons et de chacune de ces terres imaginent sans doute avoir choisi le plus respectable, ou du moins une divinité revêtue d'assez de pouvoir pour les protéger et pour fournir à tous leurs besoins. Si ce dieu ne satisfait pas leurs espérances, ils ne pensent pas qu'il soit impie d'en changer. C'est ce qui est arrivé dernièrement à Tierrébou, où l'on a substitué aux deux divinités anciennes Oraa, dieu de Bolabola, peut-être parce qu'il est le protecteur d'un peuple qui a été triomphant à la guerre; et comme depuis cette époque ils ont eu des succès contre les habitants de Taïtinoué, ils attribuent leurs victoires à Oraa, qui, selon leur expression, combat pour eux.

» Ils servent leurs dieux avec une assiduité remarquable. Outre que les grands ouhattas, c'est-à-dire les endroits des moraïs (temples) où l'on dépose les offrandes, sont ordinairement chargés d'animaux et de fruits, on rencontre peu de maisons qui n'en aient pas un petit dans leur voisinage. Les habitants des îles de la Société sont sur ces matières d'une rigidité si scrupuleuse qu'ils ne commencent jamais un repas sans mettre de côté un morceau pour l'éatoua (leur dieu). Le sacrifice humain dont nous avons été témoins durant ce voyage montre assez jusqu'où ils portent leur zèle religieux et leur fanatisme. Il paraît sûr que les sacrifices humains reviennent fréquemment. Ils ont peut être recours à cet expédient abominable quand ils éprouvent des contretemps fâcheux, car ils nous demandèrent si l'un de nos gens, détenu en prison à l'époque où nous nous trouvions arrêtés par des vents contraires, était méchant. Les prières sont aussi très fréquentes; ils les chantent à peu près sur le même ton que les ballades de leurs jeux. On aperçoit encore l'infériorité des femmes dans les pratiques religieuses : on les oblige de se découvrir en partie lorsqu'elles passent devant les moraïs, ou à faire un long détour pour éviter les lieux destinés au culte public. Quoiqu'ils ne croient pas que leur dieu doive toujours leur accorder des biens, sans jamais les oublier, et sans permettre qu'il leur arrive du mal, cependant, lorsqu'ils essuient des malheurs, ils semblent y voir les effets d'un être malfaisant qui veut leur nuire. Ils disent qu'Eti est un esprit malfaisant qui leur fait quelquefois du mal ; ils lui présentent des offrandes, ainsi qu'à leur dieu ; mais ce qu'ils redoutent des êtres invisibles se borne à des choses purement temporelles.

» Ils croient que l'âme est immatérielle et

immortelle; ils disent qu'elle voltige auprès des lèvres du mourant pendant la dernière agonie, et qu'elle monte ensuite auprès du dieu, qui la réunit à sa propre substance, ou, selon leur expression, qui la mange; qu'elle demeure quelque temps dans cet état; qu'elle passe ensuite au lieu destiné à la réception de toutes les âmes humaines; qu'elle y vit au milieu d'une nuit éternelle; ou, comme ils le disent quelquefois, au milieu d'un crépuscule qui ne finit jamais. Ils ne pensent pas que les crimes commis sur la terre subissent après la mort un châtiment éternel, car le dieu mange indifféremment les âmes des bons et celles des méchants. Mais il est sûr qu'ils regardent cette réunion à la divinité comme une purification nécessaire pour arriver à l'état de bonheur. En effet, selon leur doctrine, si un homme s'impose des privations quelques mois avant de mourir, il passe tout de suite dans sa demeure éternelle, sans avoir besoin de cette union préliminaire; ils imaginent qu'il est assez purifié par cette abstinence, et affranchi de la loi générale.

» Toutefois ils sont loin de se former sur le bonheur de l'autre vie les idées sublimes que nous offre notre religion, et même notre raison. L'immortalité est le seul privilége important qu'ils semblent espérer : car, s'ils croient les âmes dépouillées de quelques-unes des passions qui les animaient tandis qu'elles se trouvaient réunies au corps, ils ne supposent pas qu'elles en soient absolument affranchies. Aussi les âmes qui ont été ennemies sur la terre se livrent-elles des combats lorsqu'elles se rencontrent; mais il paraît que ces démêlés n'aboutissent à rien, puisqu'elles sont réputées invulnérables. Ils ont la même idée de la rencontre d'un homme et d'une femme. Si le mari meurt le premier, il reconnaît l'âme de son épouse dès le moment où elle arrive dans la terre des esprits; il se fait reconnaître dans une maison spacieuse appelée TAOUROVA, où se rassemblent les âmes des morts pour se divertir avec les dieux. Les deux époux vont ensuite occuper une habitation séparée, où ils demeurent à jamais au milieu de leur famille qu'ils ne cessent d'augmenter.

» Leurs idées sur la divinité sont d'une extravagance absurde. Ils la croient soumise au pouvoir de ces mêmes esprits à qui elle a donné l'être. Ils imaginent que ces esprits la mangent souvent; mais ils lui supposent la faculté de se reproduire. Ils emploient sans doute ici l'expression de MANGER parce qu'ils ne peuvent parler des choses immatérielles sans recourir à des objets matériels. Ils ajoutent que la divinité demande aux esprits assemblés dans le taourova s'ils ont le projet de la détruire; que, si les esprits ont pris cette résolution, elle ne peut la changer. Les habitants de la terre se croient instruits de ce qui se passe dans la région des esprits; car à l'époque où la lune est dans son déclin ils disent que les esprits mangent leur éatoua, et que la reproduction de l'éatoua avance lorsque la lune est dans son plein. Les dieux les plus puissants sont sujets à cet accident, ainsi que les divinités subalternes. Ils pensent aussi qu'il y a d'autres endroits destinés à recevoir les âmes après la mort. Ceux, par exemple, qui se noient dans la mer y demeurent au sein des flots; ils y trouvent un beau pays, des maisons, et tout ce qui peut les rendre heureux. Ils soutiennent de plus que tous les animaux, que les arbres, les fruits et même les pierres ont des âmes qui, à l'instant de la mort ou de la dissolution, montent auprès de la divinité, à laquelle ces substances s'incorporent d'abord, pour passer ensuite dans la demeure particulière qui leur est destinée.

» Ils sont persuadés que la pratique exacte de leurs devoirs religieux leur procure toutes sortes d'avantages temporels; et comme ils assurent que l'action puissante et vivifiante de l'esprit de Dieu est répandue partout, on ne doit pas s'étonner s'ils ont une foule d'idées superstitieuses sur ces opérations. Ils disent que les morts subites, et tous les autres accidents, sont l'effet de l'action immédiate de quelque divinité. Si un homme se heurte contre une pierre et se blesse l'orteil, ils attribuent la meurtrissure à l'éatoua; en sorte que, selon leur mythologie, ils marchent réellement sur une terre enchantée. Ils tressaillent pendant la nuit lorsqu'ils approchent d'un toupapaou, où sont exposés les morts, ainsi que les hommes ignorants et superstitieux de nos contrées de l'Europe redoutent les esprits à la vue d'un cimetière. Ils croient aussi aux songes, qu'ils prennent pour des avis de leur dieu ou des esprits de leurs amis défunts, et ils supposent le don de prédire l'avenir à ceux qui ont des rêves; au reste, ils n'attribuent qu'à quelques personnes ce don de prophétie. Un des chefs prétendait l'avoir : il nous dit, le 26 juillet 1776, que l'âme de son père l'avait averti qu'il descendrait à terre dans trois jours; mais il échoua dans cette tentative de prophétiser, car nous n'arrivâmes à Ténériffe que le 1er août. La réputation de ceux qui ont des songes approche beaucoup de celle de leurs prêtres inspirés, auxquels ils ajoutent une foi aveugle, et dont ils suivent les décisions toutes les fois qu'ils forment un projet important. Ils adoptent de plus à quelques égards notre vieille doctrine de l'influence des planètes; du moins, ils règlent, en certains cas, leurs délibérations publiques sur les aspects de la lune; par exemple, ils entreprennent une guerre et ils comptent sur des succès lorsque cette planète est couchée horizontalement ou fort inclinée sur sa partie convexe après son renouvellement.

» Leurs traditions sur la création de l'univers sont embrouillées, obscures et extravagantes, comme on l'imagine bien. Ils disent qu'une déesse, ayant un bloc ou une masse de terre suspendue à une corde, la lança loin d'elle, et en dispersa des morceaux, tels que Taïti et les îles voisines, dont les divers habitants viennent d'un homme et d'une femme établis à Taïti. Il ne s'agit cependant que de la création immédiate de leur pays, car ils admettent une création universelle antérieure à celle-ci, et croient à l'existence de plusieurs terres qu'ils ne connaissent que par tradition; mais leurs idées s'arrêtent à Tatouma et Tapeppa, pierres et rochers mâles et femelles qui forment le noyau du globe, ou qui soutiennent l'assemblage de terre et d'eau jeté à sa surface. Tatouma et Tapeppa produisirent Totorro, qui fut tué et décomposé en terre, et ensuite O-taïa et Orou, qui s'épousèrent et qui donnèrent d'abord naissance à une terre, et ensuite à une race de dieux. O-taïa fut tué, et Orou, qui était de l'espèce femelle, épousa un dieu son fils appelé Tirraa, à qui elle ordonna de créer de nouvelles terres, les animaux et les différentes espèces d'aliments qu'on trouve sur le globe, ainsi que le firmament, soutenu par des hommes appelés TIFEREI. Les taches qu'on observe dans la lune sont à leurs yeux des bocages d'une sorte d'arbres, etc., etc. »

---

Outils et industrie des habitants de l'Ile des Amis.

« Des haches d'une terre noire et polie qu'on trouve en abondance à Toufoua, des dents de requin fixées sur de petits manches qui tiennent lieu de tarière, des limes composées de la peau grossière d'une espèce de poisson, attachées à des morceaux de bois aplatis plus minces d'un côté que de l'autre, et garnies aussi d'un manche, sont les seuls outils dont ils se servent pour construire leurs pirogues. Ces embarcations, qui sont les plus parfaits de leurs ouvrages mécaniques, leur coûtent beaucoup de temps et de travail, et on ne doit pas s'étonner s'ils en prennent tant de soin. Ils les construisent et ils les gardent sous des hangars, et, lorsqu'ils les laissent sur la côte, ils en couvrent le pont de feuilles de cocotier, afin de les garantir du soleil.

» Si j'en excepte diverses coquilles qui tiennent lieu de couteaux, ils n'emploient jamais d'autres outils. Au reste, ils ne doivent sentir la faiblesse et l'incommodité de leurs instruments que dans la construction des pirogues ou la fabrique de quelques-unes de leurs armes, car ils ne font guère d'ailleurs que des instruments de pêche et des cordages.

» Ils tirent leurs cordages des fibres du coco. Ces fibres n'ont que 30 centimètres de long; mais ils les joignent l'une à l'autre en les tressant. Ils en font aussi des ficelles de l'épaisseur d'une plume, et d'une très grande longueur, qu'ils roulent en pelotes; puis ils en tordent plusieurs ensemble pour faire de gros cordages. Leurs lignes de pêche sont aussi fortes et aussi unies que les meilleures des nôtres. De grands et de petits hameçons forment le reste de leur attirail de pêche; les derniers sont en entier de nacre de perle, mais les premiers en sont seulement recouverts. La pointe des uns et des autres est ordinairement d'écaille de tortue; celle des petits est simple et celle des grands barbelée. Ils prennent avec les grands des bonites et des thons : pour cela ils adaptent à un roseau de bambou de trois à quatre mètres de long l'hameçon suspendu à une ligne de la même longueur; le bambou est assujéti par une pièce de bois entaillée, posée à l'arrière de la pirogue, et, à mesure que l'embarcation s'avance, elle traîne sur la surface de la mer, sans autre appât qu'une touffe d'une espèce d'étoupe qui se trouve près de la pointe. Ils possèdent aussi un grand nombre de petites sennes, dont quelques-unes sont d'une texture très délicate; ils s'en servent pour pêcher dans les trous des récifs au moment du reflux.

» Les autres ouvrages mécaniques sont surtout des flûtes de roseau composées, des flûtes simples, des armes de guerre, et ces escabelles qui leur tiennent lieu de coussins. Les armes qu'ils fabriquent sont des massues de différentes espèces, dont la sculpture prend beaucoup de temps, des piques et des dards. Ils ont des arcs et des flèches qui semblent destinés seulement à leurs plaisirs, à la chasse des oiseaux, par exemple, et non pas à tuer leurs ennemis. »

---

Costume des habitants du port du Roi-Georges.

« Quoique leur corps soit toujours couvert

d'une peinture rouge, ils se barbouillent fréquemment le visage d'une substance noire, rouge et blanche, afin que leur figure produise plus d'effet. Quand ils ont cette dernière enluminure, leur mine est pâle, affreuse et repoussante. Ils parsèment cette peinture d'un mica brun qui la rend plus éclatante. Le lobe des oreilles de la plupart d'entre eux est percé d'un assez grand trou et de deux autres plus petits; ils y suspendent des morceaux d'os, des plumes montées sur une bande de cuir, des petits coquillages, des faisceaux de cuivre, que nos grains de verroterie ne purent jamais supplanter. La cloison du nez de plusieurs offre un trou dans lequel ils passent une petite corde; d'autres y placent des morceaux de fer, de laiton ou de cuivre, qui ont à peu près la forme d'un fer à cheval, mais dont l'ouverture est si étroite que ses deux extrémités pressent doucement la cloison du nez. Cet ornement tombe ainsi sur la lèvre supérieure. Ils employaient à cet usage les anneaux de nos boutons de cuivre, qu'ils achetaient avec empressement.

» Leurs poignets sont garnis de bracelets ou de cordons de grains blancs, qu'ils tirent d'une espèce de coquillage, de petites lanières de cuir ornées de glands, ou d'un large bracelet d'une seule pièce, et d'une matière noire et luisante de la nature de la corne. La cheville de leurs pieds est souvent couverte d'une multitude de petites bandes de cuir et de nerfs d'animaux qui la grossissent beaucoup.

» Tels sont leur vêtement et leur parure de tous les jours ; mais ils ont des habits et des ornements qu'ils semblent réserver pour les occasions extraordinaires : ils les mettent lorsqu'ils font des visites de cérémonie, et lorsqu'ils vont à la guerre. Ils ont, par exemple, des peaux de loup ou d'ours qui s'attachent sur le corps de la même manière que leur habit accoutumé ; elles sont garnies de bandes de fourrures ou des lambeaux de l'étoffe de laine qu'ils fabriquent eux-mêmes ; la garniture offre divers dessins assez agréables. Ils les portent séparément, ou par-dessus leurs autres habits. Lorsqu'ils les portent séparément, l'ajustement de leur tête le plus commun est composé d'osier ou d'écorce à demi battue, leur chevelure est ornée en même temps de larges plumes, et en particulier de plumes d'aigle, ou bien elle est entièrement couverte de petites plumes blanches. Leur visage est peint de toutes sortes de façons ; les parties supérieures et les parties inférieures offrent différentes couleurs qu'on prendrait pour autant de balafres récentes, ou bien il est barbouillé d'une espèce de suif mêlé avec de la peinture appliquée sur la peau, de manière qu'elle forme un grand nombre de figures régulières, et qu'elle ressemble à un ouvrage de sculpture. Quelquefois encore leur chevelure est divisée en petits paquets attachés avec un fil, et séparés aux extrémités par des intervalles d'environ deux pouces; plusieurs la lient par derrière, selon notre usage, et ils y placent des rameaux de cyprès blanc.

» Cet attirail leur donne une mine vraiment sauvage et grotesque ; elle devient plus bizarre encore et plus terrible lorsqu'ils prennent ce que l'on peut appeler leur équipage monstrueux. Cet équipage monstrueux est composé de casques de bois sculpté qui se posent sur le visage ou sur la partie supérieure de la tête ou du front : les uns représentent une tête d'homme, et on y remarque des cheveux, de la barbe, des sourcils; d'autres représentent des têtes d'oiseaux, et en particulier des aigles et des quebrantahuessos, et beaucoup d'animaux terrestres ou marins, tels que des loups, des aigles, des marsouins, etc. En général ces figures sont de grandeur plus que naturelle; elles sont peintes, et souvent parsemées de morceaux de mica feuilleté qui leur donnent de l'éclat, et qui en augmentent la difformité. Ce n'est pas tout : ils attachent sur la même partie de la tête de gros morceaux de sculpture qui ressemblent à la proue d'une pirogue, lesquels sont peints de la même manière, et se projettent en saillie à une distance considérable. Ils sont si passionnés pour ces déguisements, qu'un des sauvages, qui n'avait point de masque, mit sa tête dans un chaudron d'étain que nous venions de lui donner. J'ignore si la religion entre pour quelque chose dans cette mascarade extravagante, s'ils l'emploient dans leurs fêtes, ou pour intimider les ennemis par leur aspect effrayant lorsqu'ils marchent au combat, ou enfin si c'est un moyen d'attirer les animaux quand ils vont à la chasse; mais on peut conclure que, si quelques voyageurs avaient recontré un certain nombre d'Indiens ainsi équipés, et s'ils ne les avaient pas examinés avec attention, ils n'auraient pas omis d'essayer de faire croire aux autres qu'il existait une race d'êtres tenant de la nature de la bête et de celle de l'homme; ils se seraient trompés d'autant plus aisément que, outre des têtes d'animaux sur des épaules d'homme, ils auraient vu les corps entiers de ces espèces de monstres couverts de peaux de quadrupèdes. »

---

Naturels du port de Noutka.

« La malpropreté et la puanteur de leurs habitations égalent au moins le désordre qu'on y remarque ; ils y sèchent, ils y vident leurs poissons, dont les entrailles, mêlées aux os et aux débris qui sont la suite des repas et à d'autres ordures, offrent des tas de saletés qui, je crois, ne s'enlèvent jamais, à moins que, devenus trop volumineux, ils n'empêchent de marcher. En un mot, leurs cabanes sont aussi sales que des étables de cochons ; on respire partout, dans les environs, une odeur de poisson, d'huile et de fumée.

» Malgré ce désordre et ces ordures, la plupart des maisons sont ornées de mauvaises statues. Ce sont tout uniment des troncs de 2 mètres 16 centimètres de hauteur, dressés séparément ou par couples, à l'extrémité supérieure de la cabane. Le haut représente un visage d'homme ; les bras et les mains se trouvent taillés dans les côtés et peints de différentes couleurs ; l'ensemble offre une figure vraiment monstrueuse. Ils appelaient ces statues du nom général de *klumma*, et de celui de *matchkoa* et de *matsita* deux d'entre elles qui étaient en face l'une de l'autre, à la distance de 1 mètre, et que nous vîmes dans l'une des maisons. Nous pensâmes assez naturellement qu'elles représentent leurs dieux, ou qu'elles ont rapport à leur religion ou aux superstitions du pays. Au reste, nous eûmes des preuves du peu de cas qu'ils en font, car avec une très petite quantité de fer ou de cuivre j'aurais pu acheter tous les dieux du village, si toutefois les statues dont je parle étaient des dieux. On me proposa d'acheter chacune de celles que je vis, et j'en achetai en effet deux ou trois petites.

» Après avoir dessiné une vue générale de leurs habitations, je voulus dessiner aussi l'intérieur de l'une des cabanes, afin d'avoir assez de matériaux pour donner une idée parfaite de la manière de vivre des naturels du port de Noutka. Je ne tardai pas à en découvrir une propre à mon objet. Tandis que je m'occupais de ce travail, un homme s'approcha de moi tenant un grand couteau à la main. Il parut fâché lorsqu'il vit mes yeux fixés sur deux statues d'une proportion gigantesque, peintes à la manière du pays, et placées à une extrémité de l'appartement. Comme je fis peu d'attention à lui, et que je continuai mon ouvrage, il alla tout de suite chercher une natte, qu'il plaça de manière à m'ôter la vue des statues. Etant à peu près sûr que je ne trouverais plus une occasion d'achever mon dessin, et mon projet ayant quelque chose de trop intéressant pour y renoncer, je crus devoir acheter la complaisance de cet homme. Je lui offris un des boutons de mon habit : ce bouton était de métal, et je pensai qu'il serait bien aise de l'avoir. Mon bouton produisit l'effet que j'en espérais, car le sauvage enleva la natte, et il me permit de reprendre mes crayons. J'eus à peine tiré quelques traits qu'il revint couvrir de nouveau les statues avec sa natte. Il répéta sa manœuvre jusqu'à ce que je lui eusse donné un à un tous mes boutons; et lorsqu'il s'aperçut qu'il m'avait complètement dépouillé, il ne s'opposa plus à ce que je désirais.

» La pêche et la chasse des animaux de terre et de mer destinés à la subsistance des familles, paraissent être la principale occupation des hommes, car nous ne les vîmes jamais travailler dans l'intérieur des maisons. Les femmes, au contraire, y fabriquaient des vêtements de lin ou de laine, et elles y préparaient des sardines; elles les y apportent aussi du rivage, dans des paniers d'osier, lorsque les hommes les ont déposées sur la grève, au retour de la pêche.

» Il paraît qu'ils passent une grande partie du temps dans leurs pirogues, du moins durant l'été, car nous observâmes que non-seulement ils y mangent et ils y couchent, mais qu'ils s'y dépouillent de leurs habits, et qu'ils s'y vautrent au soleil, ainsi que nous les avions vus se vautrer nus au milieu de leurs bourgades. Leurs grandes pirogues sont assez spacieuses pour cela, parfaitement sèches, et lorsqu'ils s'y font un abri avec des peaux, et qu'il ne pleut pas, ils y sont beaucoup mieux que dans leurs maisons.

» Ils se nourrissent de tous les animaux et de tous les végétaux qu'ils peuvent se procurer; mais la portion des subsistances qu'ils tirent du règne animal est beaucoup plus considérable que celle qu'ils tirent du règne végétal. La mer, qui leur fournit des poissons, des moules, des coquillages plus petits, et des quadrupèdes marins, est leur plus grande ressource. Ils ont surtout des harengs et des sardines, deux espèces de brème, et de la petite morue. Ils mangent les harengs et des sardines quand ces poissons sont frais; ils en font de plus une provision de réserve, et, après les avoir séchés et fumés, ils les enferment dans des nattes qui forment des balles de 1 mètre 33 centimètres en carré. Les harengs leur donnent une quantité considérable d'œufs ou de laite, qu'ils préparent d'une manière curieuse : ils saupoudrent de cette laite et de ces œufs de petites branches de pin du Canada, et une longue herbe marine que les rochers submergés produisent en abondance. Cette espèce de kaviar, si je puis me servir de ce terme, se garde dans des paniers ou des sacs de natte, et ils s'en nourrissent au besoin, après l'avoir plongé dans l'eau. On peut le regarder comme leur pain d'hiver, et son goût n'est point désagréable. Ils mangent d'ailleurs les œufs et la laite de quelques autres poissons qui doivent être fort gros, si j'en juge par la dimension des grains. Mais ce kaviar a quelque chose de rance à l'odorat et au goût. Il paraît que c'est la seule nourriture qu'ils préparent de cette manière, afin de la conserver longtemps : car, quoiqu'ils découpent et sèchent un petit nombre de brêmes et de chimères, qui sont assez abondantes, ils ne les fument pas comme les harengs et les sardines.

» Ils grillent les moules dans leurs coquilles; ils les enfilent ensuite à de longues broches de bois, où ils vont les prendre lorsqu'ils en ont besoin. Ils les mangent sans autre préparation ; quelquefois cependant ils les trempent dans une huile qui leur tient lieu de sauce. Les autres productions marines, telles que les petits coquillages, qui contribuent à augmenter le fond général de leur nourriture, ne doivent pas être regardées comme des moyens de subsistance habituelle, en comparaison de ceux dont je viens de parler.

» Le marsouin est l'animal de mer dont ils se nourrissent le plus communément. Ils découpent en larges morceaux le lard ainsi que la chair, et après les avoir séchés comme ils sèchent les harengs, ils les mangent sans autre préparation. Ils tirent aussi une espèce de viande fraîche de cet animal, et leur procédé est singulier : ils mettent de l'eau et des morceaux de cette chair dans un baquet carré de bois, où ils placent ensuite des pierres chaudes ; ils y jettent de nouvelles pierres chaudes jusqu'à ce que l'eau et la viande aient assez bouilli ; ils en ôtent les pierres dont je viens de parler avec un bâton fendu qui leur sert de pincettes ; le vase est toujours près du feu. Ce mets est commun dans leurs repas, et, à le voir, on juge qu'il est fort nourrissant. Ils consomment aussi une quantité considérable de l'huile que leur procurent les animaux marins ; ils l'avalent séparément dans une large cuiller de corne, ou bien elle leur sert de sauce pour les autres mets.

» La malpropreté de leurs repas répond parfaitement à celle de leurs cabanes et de leurs personnes. Il paraît qu'ils ne lavent jamais les augets et les plats de bois dans lesquels ils prennent leur nourriture, et que les restes dégoûtants d'un dîner précédent sont mêlés avec le repas qui le suit. Ils rompent aussi avec leurs mains et leurs dents toutes les choses solides ou coriaces. Ils font usage de leurs couteaux pour dépecer les grosses pièces; mais ils n'ont pas encore imaginé de se servir du même moyen pour les diviser en morceaux plus petits et en bouchées, quoique cet expédient plus commode et plus propre ne demande aucun effort d'esprit. Enfin ils ne semblent pas avoir la moindre idée de la propreté, car ils mangent les racines qu'ils tirent de leurs champs sans secouer le terreau dont elles se trouvent chargées. »

FIN.

# TABLE.



FIN DE LA TABLE.

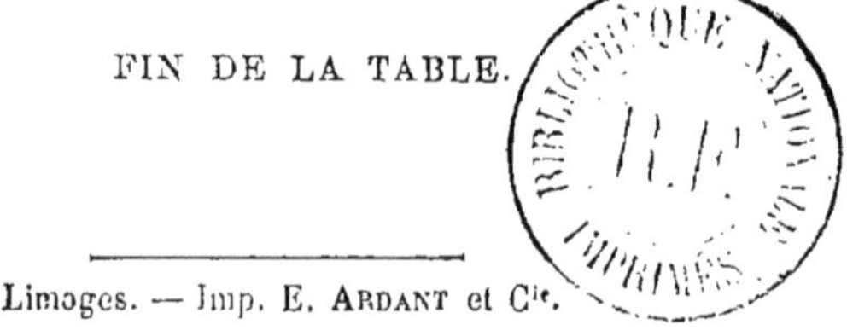

Limoges. — Imp. E. Ardant et C^ie^.

www.ingramcontent.com/pod-product-compliance
Ingram Content Group UK Ltd.
Pitfield, Milton Keynes, MK11 3LW, UK
UKHW012050240726
13965UKWH00003B/1185